中国农业统计资料

2017

中华人民共和国农业农村部　编

中国农业出版社
北　京

主　　编：屈冬玉

副 主 编：唐　珂

编　　委：宋丹阳　赵　鲲　李　波　杨礼胜　李安宁　王俊勋　黄伟忠　路亚洲　刁新育　江开勇

编辑人员：宋代强　王　松　陈冬冬　余　葵　刘光明　徐文灏　杜建斌　滕雪飞　辛国昌　蔺　东　陈炫汐　杜鹏飞　徐乐俊　刘福江　李　玥　周向阳　毕　涛　杨　唯

编 者 说 明

一、《中国农业统计资料》是一本反映我国农业、农村经济的综合性统计资料工具书。为及时满足社会各界人士了解我国农业和农村经济发展情况的需要，《中国农业统计资料2017》收录了2017年度全国农村经济主要统计数据和种植业、畜牧业、生猪屠宰行业、饲料工业、渔业、农产品加工业、农垦、农机、农村能源、农村经营管理情况、农业自然灾害等资料。

二、各类全国性数据未包括香港特别行政区、澳门特别行政区和台湾省数据。

三、由于小数位调整而产生的数据计算差异未作机械调整。“…”表示数据不足本表最小单位数，“#”表示其中的主要项。

四、本书是系列图书，每年出版一本，公开发行。

目　　录

一、综合

二、种植业

三、畜牧业

四、生猪屠宰行业

五、饲料工业

六、渔业

七、农产品加工业

八、农垦

九、农机

十、农村能源

十一、农村经营管理情况

十二、农业自然灾害

一、综　　合

各地区农村基本情况

单位：个、万人

地区	农村基层组织情况			乡村人口与从业人员
	乡镇级	其中		乡村人口数
		镇数	乡数	
全国	**39 888**	**21 116**	**10 529**	**57 660.5**
北京	331	143	38	293.0
天津	248	124	3	265.8
河北	2 255	1 128	818	3 383.0
山西	1 398	564	632	1 579.3
内蒙古	1 020	505	272	960.5
辽宁	1 531	641	202	1 420.4
吉林	919	426	182	1 177.8
黑龙江	1 192	532	353	1 538.2
上海	214	107	2	297.4
江苏	1 284	758	68	2 508.4
浙江	1 378	641	274	1 810.2
安徽	1 486	965	275	2 909.2
福建	1 105	642	284	1 376.7
江西	1 561	825	579	2 098.4
山东	1 824	1 094	70	3 944.3
河南	2 441	1 151	640	4 764.3
湖北	1 234	761	165	2 402.1
湖南	1 927	1 134	398	3 113.1
广东	1 601	1 124	11	3 367.5
广西	1 251	799	319	2 481.1
海南	218	175	21	388.5
重庆	1 030	626	182	1 104.6
四川	4 610	2 196	2 064	4 085.4
贵州	1 379	839	317	1 932.5
云南	1 398	682	543	2 559.1
西藏	697	140	545	232.9
陕西	1 295	983	23	1 657.1
甘肃	1 355	816	413	1 407.8
青海	400	143	223	280.6
宁夏	240	103	90	286.6
新疆	1 066	349	523	1 237.7

注：2008年起乡镇个数使用民政部统计数据。乡村人口数来源于国家统计局人口和就业统计司，与以往农村司调查口径有所不同。

各地区农村居民人均可支配收入

单位：元

地区	农民人均可支配收入				2017年比2016年增减	
	2017年收入	2017年位次	2016年收入	2016年位次	绝对量	%
全国人均	**13 432.4**		**12 363.4**		**1 069.0**	**8.6**
北　京	24 240.5	3	22 309.5	3	1 931.0	8.7
天　津	21 753.7	4	20 075.6	4	1 678.0	8.4
河　北	12 880.9	15	11 919.4	14	961.6	8.1
山　西	10 787.5	24	10 082.5	24	705.1	7.0
内蒙古	12 584.3	20	11 609.0	19	975.3	8.4
辽　宁	13 746.8	10	12 880.7	9	866.1	6.7
吉　林	12 950.4	12	12 122.9	12	827.5	6.8
黑龙江	12 664.8	18	11 831.9	16	833.0	7.0
上　海	27 825.0	1	25 520.4	1	2 304.6	9.0
江　苏	19 158.0	5	17 605.6	5	1 552.4	8.8
浙　江	24 955.8	2	22 866.1	2	2 089.7	9.1
安　徽	12 758.2	16	11 720.5	17	1 037.8	8.9
福　建	16 334.8	6	14 999.2	6	1 335.6	8.9
江　西	13 241.8	11	12 137.7	11	1 104.1	9.1
山　东	15 117.5	8	13 954.1	8	1 163.5	8.3
河　南	12 719.2	17	11 696.7	18	1 022.4	8.7
湖　北	13 812.1	9	12 725.0	10	1 087.1	8.5
湖　南	12 935.8	13	11 930.4	13	1 005.4	8.4
广　东	15 779.7	7	14 512.2	7	1 267.6	8.7
广　西	11 325.5	22	10 359.5	22	966.0	9.3
海　南	12 901.8	14	11 842.9	15	1 058.9	8.9
重　庆	12 637.9	19	11 548.8	20	1 089.1	9.4
四　川	12 226.9	21	11 203.1	21	1 023.8	9.1
贵　州	8 869.1	30	8 090.3	30	778.8	9.6
云　南	9 862.2	28	9 019.8	28	842.4	9.3
西　藏	10 330.2	26	9 093.8	27	1 236.4	13.6
陕　西	10 264.5	27	9 396.4	26	868.1	9.2
甘　肃	8 076.1	31	7 456.9	31	619.2	8.3
青　海	9 462.3	29	8 664.4	29	797.9	9.2
宁　夏	10 737.9	25	9 851.6	25	886.3	9.0
新　疆	11 045.3	23	10 183.2	23	862.1	8.5

注：从2013年起，国家统计局开展了城乡一体化住户收支与生活状况调查，与2013年前农村住户调查的调查范围、调查方法和指标口径有所不同。

全国农业生产条件及主要物质投入

指　标	单位	2017 年	2016 年	2017 年比 2016 年增减	
				绝对量	%
农机总动力	**万千瓦**	**98 783.3**	**97 245.6**	**1 538**	**1.58**
农村用电发电情况					
乡、村办水电站数	处	47 498	47 529	-31	-0.07
装机容量	万千瓦	7 927.00	7 791.06	135.94	1.74
发电量	万千瓦时	24 772 495	26 821 937	-2 049 442	-7.64
农村用电量	万千瓦时	95 244 249.49	92 382 636.66	2 861 612.83	3.10
农用化肥施用情况					
农用化肥施用量（按折纯法计算）	万吨	5 859.41	5 984.10	-124.69	-2.08
氮肥	万吨	2 221.82	2 310.50	-88.68	-3.84
磷肥	万吨	797.59	830.00	-32.41	-3.90
钾肥	万吨	619.74	636.90	-17.16	-2.69
复合肥	万吨	2 220.27	2 207.10	13.17	0.60
农田水利情况					
耕地灌溉面积	万公顷	6 781.56	6 714.06	67.50	0.01

注：农村用电量包括国家电网的供电量和农村自办电站供电量，不包括在农村的国有单位的用电量。

各地区农林牧渔业总产值

单位：亿元

地　　区	总产值	农　业	林　业	牧　业	渔　业
全国总计	**109 331.7**	**58 059.8**	**4 980.6**	**29 361.2**	**11 577.1**
北　京	308.3	129.8	58.8	101.4	9.6
天　津	382.1	183.2	9.0	108.0	69.8
河　北	5 373.4	2 890.6	175.5	1 735.8	195.9
山　西	1 418.7	861.9	97.7	358.8	7.7
内蒙古	2 813.5	1 434.7	99.9	1 200.6	31.3
辽　宁	3 851.6	1 620.5	140.3	1 289.2	592.2
吉　林	2 064.3	895.8	69.4	982.4	41.7
黑龙江	5 586.6	3 471.3	175.2	1 701.7	98.0
上　海	292.6	146.4	15.3	61.2	58.4
江　苏	7 161.2	3 764.7	136.7	1 158.0	1 623.4
浙　江	3 093.4	1 494.5	170.2	371.3	979.3
安　徽	4 597.9	2 241.4	319.1	1 321.7	476.2
福　建	3 947.2	1 527.0	327.7	750.5	1 202.1
江　西	3 069.0	1 489.3	296.5	709.7	453.1
山　东	9 140.4	4 403.2	165.1	2 501.4	1 476.0
河　南	7 562.5	4 552.7	128.9	2 368.9	107.8
湖　北	6 129.7	2 962.5	213.3	1 478.1	1 089.1
湖　南	5 213.5	2 597.6	325.0	1 505.8	393.1
广　东	5 969.9	2 890.0	356.1	1 202.3	1 276.1
广　西	4 698.7	2 538.9	346.4	1 128.6	471.0
海　南	1 488.9	707.4	107.7	245.1	372.8
重　庆	1 902.5	1 165.7	85.2	522.5	94.8
四　川	6 955.5	4 004.2	346.8	2 199.7	234.9
贵　州	3 413.9	2 077.0	228.8	885.8	60.1
云　南	3 872.9	1 982.5	381.5	1 289.5	87.7
西　藏	178.2	78.4	2.9	92.2	0.3
陕　西	3 077.6	2 095.3	96.9	695.2	27.5
甘　肃	1 559.6	1 068.6	31.6	309.0	2.1
青　海	364.1	162.4	9.0	183.0	3.4
宁　夏	517.4	309.0	9.7	155.7	18.6
新　疆	3 326.6	2 313.2	54.3	748.5	23.2

注：1. 产值按当年价格计算。2003 年起执行新国民经济行业分类标准，总产值包括农林牧渔服务业产值。2. 依据第三次全国农业普查结果，对 2007—2016 年农林牧渔业总产值数据进行了修订。

各地区农林牧渔业总产值构成

单位:%

地区	总产值	农业	林业	牧业	渔业
全国总计	**100.0**	**53.1**	**4.6**	**26.9**	**10.6**
北京	100.0	42.1	19.1	32.9	3.1
天津	100.0	47.9	2.4	28.3	18.3
河北	100.0	53.8	3.3	32.3	3.6
山西	100.0	60.8	6.9	25.3	0.5
内蒙古	100.0	51.0	3.6	42.7	1.1
辽宁	100.0	42.1	3.6	33.5	15.4
吉林	100.0	43.4	3.4	47.6	2.0
黑龙江	100.0	62.1	3.1	30.5	1.8
上海	100.0	50.0	5.2	20.9	20.0
江苏	100.0	52.6	1.9	16.2	22.7
浙江	100.0	48.3	5.5	12.0	31.7
安徽	100.0	48.7	6.9	28.7	10.4
福建	100.0	38.7	8.3	19.0	30.5
江西	100.0	48.5	9.7	23.1	14.8
山东	100.0	48.2	1.8	27.4	16.1
河南	100.0	60.2	1.7	31.3	1.4
湖北	100.0	48.3	3.5	24.1	17.8
湖南	100.0	49.8	6.2	28.9	7.5
广东	100.0	48.4	6.0	20.1	21.4
广西	100.0	54.0	7.4	24.0	10.0
海南	100.0	47.5	7.2	16.5	25.0
重庆	100.0	61.3	4.5	27.5	5.0
四川	100.0	57.6	5.0	31.6	3.4
贵州	100.0	60.8	6.7	25.9	1.8
云南	100.0	51.2	9.9	33.3	2.3
西藏	100.0	44.0	1.7	51.7	0.2
陕西	100.0	68.1	3.1	22.6	0.9
甘肃	100.0	68.5	2.0	19.8	0.1
青海	100.0	44.6	2.5	50.3	0.9
宁夏	100.0	59.7	1.9	30.1	3.6
新疆	100.0	69.5	1.6	22.5	0.7

各地区粮、棉、油、糖面积、位次及比重（一）

单位：千公顷、%

地区	粮食			棉花		
	面积	位次	比重	面积	位次	比重
全国总计	**117 989.06**			**3 194.73**		
北京	66.84	31	0.06			
天津	351.40	26	0.30	20.67	10	0.65
河北	6 658.52	6	5.64	220.60	2	6.91
山西	3 180.92	15	2.70	2.87	15	0.09
内蒙古	6 780.92	5	5.75			
辽宁	3 467.48	14	2.94			
吉林	5 543.97	8	4.70			
黑龙江	14 154.28	1	12.00			
上海	133.14	30	0.11	0.40	18	0.01
江苏	5 527.31	9	4.68	21.00	9	0.66
浙江	977.19	23	0.83	4.53	13	0.14
安徽	7 321.79	4	6.21	88.13	6	2.76
福建	833.22	24	0.71			
江西	3 786.32	13	3.21	69.00	7	2.16
山东	8 455.60	3	7.17	174.67	4	5.47
河南	10 915.13	2	9.25	40.00	8	1.25
湖北	4 853.00	11	4.11	204.80	3	6.41
湖南	4 978.95	10	4.22	95.67	5	2.99
广东	2 169.73	21	1.84			
广西	2 853.06	18	2.42	1.27	17	0.04
海南	282.48	28	0.24			
重庆	2 030.71	22	1.72			
四川	6 292.00	7	5.33	4.40	14	0.14
贵州	3 052.78	16	2.59	1.40	16	0.04
云南	4 169.21	12	3.53			
西藏	185.65	29	0.16			
陕西	3 019.40	17	2.56	8.47	12	0.27
甘肃	2 647.16	19	2.24	19.40	11	0.61
青海	282.56	27	0.24			
宁夏	722.51	25	0.61			
新疆	2 295.85	20	1.95	2 217.47	1	69.41

各地区粮、棉、油、糖面积、位次及比重（二）

单位：千公顷、%

地区	油料			糖料		
	面积	位次	比重	面积	位次	比重
全国总计	**13 223.16**			**1 545.65**		
北京	2.15	31	0.02			
天津	5.58	29	0.04			
河北	394.59	11	2.98	12.20	8	0.79
山西	114.08	23	0.86	0.13	24	0.01
内蒙古	1 113.07	5	8.42	82.72	4	5.35
辽宁	278.39	17	2.11	2.03	20	0.13
吉林	408.67	10	3.09	0.68	23	0.04
黑龙江	76.32	24	0.58	9.35	9	0.61
上海	3.23	30	0.02	0.03	25	…
江苏	267.58	18	2.02	0.82	22	0.05
浙江	122.29	22	0.92	5.71	14	0.37
安徽	518.32	9	3.92	2.93	17	0.19
福建	72.46	25	0.55	4.94	15	0.32
江西	698.99	7	5.29	14.64	7	0.95
山东	725.20	6	5.48	…	27	…
河南	1 397.49	2	10.57	2.31	18	0.15
湖北	1 291.33	4	9.77	6.59	13	0.43
湖南	1 311.61	3	9.92	7.26	12	0.47
广东	331.82	13	2.51	169.16	3	10.94
广西	239.27	19	1.81	876.12	1	56.68
海南	32.96	27	0.25	21.23	6	1.37
重庆	318.52	14	2.41	2.12	19	0.14
四川	1 478.89	1	11.18	9.33	10	0.60
贵州	661.17	8	5.00	8.68	11	0.56
云南	288.82	15	2.18	239.90	2	15.52
西藏	19.59	28	0.15			
陕西	278.55	16	2.11	1.42	21	0.09
甘肃	346.48	12	2.62	4.29	16	0.28
青海	155.30	21	1.17	0.01	26	…
宁夏	33.27	26	0.25			
新疆	237.18	20	1.79	61.06	5	3.95

各地区粮、棉、油、糖产量、位次及比重（一）

地区	粮食			棉花		
	产量（万吨）	位次	比重（%）	产量（吨）	位次	比重（%）
全国总计	**66 160.73**			**5 651 935**		
北京	41.12	31	0.06	2	19	0.00
天津	212.27	26	0.32	24 805	11	0.44
河北	3 829.25	6	5.79	240 380	2	4.25
山西	1 355.10	17	2.05	4 014	15	0.07
内蒙古	3 254.54	9	4.92	1	20	…
辽宁	2 330.74	12	3.52	…	22	…
吉林	4 154.00	4	6.28			
黑龙江	7 410.34	1	11.20			
上海	99.78	30	0.15	409	18	0.01
江苏	3 610.80	7	5.46	25 725	10	0.46
浙江	580.14	23	0.88	6 433	13	0.11
安徽	4 019.71	5	6.08	85 541	7	1.51
福建	487.15	24	0.74	1	21	0.00
江西	2 221.73	13	3.36	104 645	6	1.85
山东	5 374.31	3	8.12	207 199	3	3.67
河南	6 524.25	2	9.86	43 585	8	0.77
湖北	2 846.13	11	4.30	183 635	4	3.25
湖南	3 073.60	10	4.65	109 503	5	1.94
广东	1 208.56	19	1.83			
广西	1 370.49	16	2.07	1 494	16	0.03
海南	138.11	27	0.21			
重庆	1 079.88	22	1.63			
四川	3 488.90	8	5.27	4 276	14	0.08
贵州	1 242.45	18	1.88	1 115	17	0.02
云南	1 843.42	14	2.79			
西藏	106.53	28	0.16			
陕西	1 194.20	20	1.81	11 594	12	0.21
甘肃	1 105.90	21	1.67	31 592	9	0.56
青海	102.55	29	0.15			
宁夏	370.05	25	0.56			
新疆	1 484.73	15	2.24	4 565 984	1	80.79

各地区粮、棉、油、糖产量、位次及比重（二）

单位：吨、%

地区	油料			糖料		
	产量	位次	比重	产量	位次	比重
全国总计	**34 752 385**			**113 788 403**		
北京	5 326	31	0.02			
天津	12 608	29	0.04			
河北	1 293 984	8	3.72	624 863	8	0.55
山西	150 425	24	0.43	6 433	24	0.01
内蒙古	2 406 905	5	6.93	3 443 413	5	3.03
辽宁	814 563	14	2.34	106 986	19	0.09
吉林	1 284 836	9	3.70	25 896	23	0.02
黑龙江	142 586	25	0.41	373 707	11	0.33
上海	7 612	30	0.02	2 134	25	…
江苏	853 611	13	2.46	48 606	21	0.04
浙江	269 000	22	0.77	375 000	10	0.33
安徽	1 546 592	7	4.45	112 110	18	0.10
福建	195 516	23	0.56	263 695	16	0.23
江西	1 206 400	10	3.47	672 816	7	0.59
山东	3 183 002	3	9.16	119	27	…
河南	5 869 460	1	16.89	162 369	17	0.14
湖北	3 076 878	4	8.85	269 946	14	0.24
湖南	2 260 783	6	6.51	332 318	13	0.29
广东	1 012 849	12	2.91	13 434 745	3	11.81
广西	649 251	17	1.87	71 323 456	1	62.68
海南	90 284	26	0.26	1 330 974	6	1.17
重庆	623 962	18	1.80	87 926	20	0.08
四川	3 578 899	2	10.30	349 215	12	0.31
贵州	1 155 191	11	3.32	503 055	9	0.44
云南	562 563	20	1.62	15 161 486	2	13.32
西藏	59 422	28	0.17			
陕西	597 500	19	1.72	27 200	22	0.02
甘肃	773 530	15	2.23	266 926	15	0.23
青海	302 767	21	0.87	283	26	…
宁夏	69 443	27	0.20			
新疆	696 636	16	2.00	4 482 726	4	3.94

各地区肉、蛋、奶、水产品产量、位次及比重（一）

单位：万吨、%

地区	肉类			禽蛋		
	产量	位次	比重	产量	位次	比重
全国合计	**8 654.43**			**3 096.29**		
北京	26.39	30	0.30	15.68	25	0.51
天津	36.14	26	0.42	18.99	23	0.61
河北	474.25	5	5.48	383.72	3	12.39
山西	93.32	24	1.08	101.87	12	3.29
内蒙古	265.16	14	3.06	53.21	14	1.72
辽宁	385.39	11	4.45	270.43	4	8.73
吉林	256.13	17	2.96	120.98	9	3.91
黑龙江	260.29	16	3.01	113.81	10	3.68
上海	17.58	31	0.20	3.38	29	0.11
江苏	342.32	12	3.96	183.39	5	5.92
浙江	114.70	21	1.33	35.85	20	1.16
安徽	415.18	10	4.80	154.70	7	5.00
福建	264.91	15	3.06	46.50	15	1.50
江西	326.05	13	3.77	45.66	16	1.47
山东	866.01	1	10.01	444.78	1	14.36
河南	655.84	2	7.58	401.18	2	12.96
湖北	435.35	7	5.03	168.17	6	5.43
湖南	543.25	4	6.28	103.20	11	3.33
广东	444.08	6	5.13	38.50	18	1.24
广西	420.18	8	4.86	24.20	22	0.78
海南	78.67	25	0.91	4.75	28	0.15
重庆	180.56	19	2.09	40.31	17	1.30
四川	653.82	3	7.55	144.50	8	4.67
贵州	206.47	18	2.39	18.69	24	0.60
云南	419.15	9	4.84	30.32	21	0.98
西藏	32.07	29	0.37	0.50	31	0.02
陕西	113.41	22	1.31	60.08	13	1.94
甘肃	99.14	23	1.15	13.83	27	0.45
青海	35.30	27	0.41	2.46	30	0.08
宁夏	33.46	28	0.39	15.27	26	0.49
新疆	159.85	20	1.85	37.37	19	1.21

各地区肉、蛋、奶、水产品产量、位次及比重（二）

单位：万吨、%

地　区	奶类			水产品		
	产量	位次	比重	产量	位次	比重
全国合计	**3 148.58**			**6 445.33**		
北　京	37.42	17	1.19	4.51	28	0.07
天　津	52.05	13	1.65	32.33	19	0.50
河　北	388.33	3	12.33	116.46	14	1.81
山　西	78.09	10	2.48	5.30	27	0.08
内蒙古	559.63	1	17.77	15.62	26	0.24
辽　宁	120.71	9	3.83	479.44	6	7.44
吉　林	34.41	19	1.09	22.04	22	0.34
黑龙江	468.41	2	14.88	58.73	17	0.91
上　海	36.37	18	1.16	26.89	20	0.42
江　苏	49.05	14	1.56	507.59	5	7.88
浙　江	14.34	22	0.46	594.45	4	9.22
安　徽	29.84	21	0.95	217.96	11	3.38
福　建	13.54	24	0.43	744.57	3	11.55
江　西	9.49	26	0.30	250.55	9	3.89
山　东	231.32	4	7.35	868.00	1	13.47
河　南	212.87	5	6.76	94.67	15	1.47
湖　北	12.76	25	0.41	465.42	7	7.22
湖　南	6.05	28	0.19	241.53	10	3.75
广　东	13.92	23	0.44	833.54	2	12.93
广　西	8.14	27	0.26	320.77	8	4.98
海　南	0.50	31	0.02	180.79	12	2.80
重　庆	5.06	29	0.16	51.51	18	0.80
四　川	63.79	12	2.03	150.74	13	2.34
贵　州	4.41	30	0.14	25.48	21	0.40
云　南	64.52	11	2.05	63.12	16	0.98
西　藏	42.03	15	1.33	0.05	31	…
陕　西	156.93	8	4.98	16.30	25	0.25
甘　肃	41.04	16	1.30	1.54	30	0.02
青　海	33.19	20	1.05	1.61	29	0.02
宁　夏	160.07	7	5.08	18.09	23	0.28
新　疆	200.31	6	6.36	16.55	24	0.26

注：中农发集团水产品产量 19.2 万吨。

各地区人均主要农产品产量

单位：千克/人

地区	粮食	棉花	油料	糖料	肉	蛋	奶	水产品
全国人均	**477.2**	**4.1**	**25.1**	**82.1**	**62.4**	**22.3**	**22.7**	**46.5**
北京	18.9	…	0.2		12.2	7.2	17.2	2.1
天津	136.1	1.6	0.8		23.2	12.2	33.4	20.7
河北	510.9	3.2	17.3	8.3	63.3	51.2	51.8	15.5
山西	367.0	0.1	4.1	0.2	25.3	27.6	21.2	1.4
内蒙古	1 289.1	…	95.3	136.4	105.0	21.1	221.7	6.2
辽宁	532.9		18.6	2.4	88.1	61.8	27.6	109.6
吉林	1 524.4		47.1	1.0	94.0	44.4	12.6	8.1
黑龙江	1 953.2		3.8	9.9	68.6	30.0	123.5	15.5
上海	41.3	…	0.3	0.1	7.3	1.4	15.0	11.1
江苏	450.6	0.3	10.7	0.6	42.7	22.9	6.1	63.3
浙江	103.2	0.1	4.8	6.7	20.4	6.4	2.6	105.7
安徽	645.7	1.4	24.8	1.8	66.7	24.8	4.8	35.0
福建	125.2	…	5.0	6.8	68.1	11.9	3.5	191.3
江西	482.2	2.3	26.2	14.6	70.8	9.9	2.1	54.4
山东	538.7	2.1	31.9	…	86.8	44.6	23.2	87.0
河南	683.5	0.5	61.5	1.7	68.7	42.0	22.3	9.9
湖北	482.9	3.1	52.2	4.6	73.9	28.5	2.2	79.0
湖南	449.3	1.6	33.0	4.9	79.4	15.1	0.9	35.3
广东	109.0		9.1	121.2	40.1	3.5	1.3	75.2
广西	281.9	…	13.4	1 467.1	86.4	5.0	1.7	66.0
海南	149.9		9.8	144.4	85.4	5.2	0.5	196.2
重庆	352.7		20.4	2.9	59.0	13.2	1.7	16.8
四川	421.3	0.1	43.2	4.2	78.9	17.4	7.7	18.2
贵州	348.3	…	32.4	14.1	57.9	5.2	1.2	7.1
云南	385.2		11.8	316.8	87.6	6.3	13.5	13.2
西藏	319.2		17.8		96.1	1.5	125.9	0.1
陕西	312.3	0.3	15.6	0.7	29.7	15.7	41.0	4.3
甘肃	422.4	1.2	29.5	10.2	37.9	5.3	15.7	0.6
青海	172.1		50.8	…	59.3	4.1	55.7	2.7
宁夏	545.4		10.2		49.3	22.5	235.9	26.7
新疆	613.1	188.6	28.8	185.1	66.0	15.4	82.7	6.8

各地区农业主要能源及物质消耗（一）

地　区	农业主要能源			物质消耗
	农村水电站数（处）	装机容量（千瓦）	发电量（万千瓦时）	农村用电量（万千瓦时）
全　国	**47 498**	**79 269 995**	**24 772 495**	**95 244 249.49**
北　京	72	42 920	2 430	615 077.90
天　津	1	5 800	333	403 199.00
河　北	250	396 073	61 054	6 151 557.00
山　西	149	198 871	39 129	992 646.20
内蒙古	40	95 245	19 632	789 009.79
辽　宁	188	443 529	69 017	5 280 060.24
吉　林	261	588 740	160 373	529 617.00
黑龙江	86	373 280	88 602	797 667.00
上　海				10 131 974.28
江　苏	29	39 871	9 619	18 879 938.70
浙　江	3 179	4 054 524	850 917	9 766 521.00
安　徽	826	1 113 915	255 110	1 713 136.24
福　建	6 522	7 417 445	2 330 107	3 883 797.00
江　西	3 955	3 402 721	966 182	1 085 023.30
山　东	127	89 499	6 096	4 884 532.20
河　南	531	504 342	107 048	3 288 173.35
湖　北	1 724	3 806 649	1 191 820	1 565 694.03
湖　南	4 512	6 358 228	1 945 672	1 285 574.29
广　东	9 847	7 596 750	2 061 747	14 147 747.95
广　西	2 420	4 593 586	1 427 558	1 035 313.97
海　南	346	457 140	141 428	155 188.64
重　庆	1 554	2 672 353	792 445	801 801.62
四　川	4 982	11 791 723	4 260 817	1 884 409.00
贵　州	1 517	3 476 426	1 022 253	951 057.50
云　南	1 985	11 984 990	4 296 614	1 023 360.00
西　藏	375	369 289	85 774	13 407.29
陕　西	693	1 495 619	396 179	1 308 458.00
甘　肃	689	2 626 581	975 145	558 547.14
青　海	251	1 096 695	480 702	64 153.00
宁　夏	3	6 240	710	146 278.86
新　疆	380	2 049 251	689 081	1 111 328.00
水利部属	4	121 700	38 901	

注：本表中农村水电站指单站装机5万千瓦及以下的水电站。

各地区农业主要能源及物质消耗（二）

单位：万吨

地区	农用化肥施用量（折纯）				
	合计	氮肥	磷肥	钾肥	复合肥
全　国	**5 859.41**	**2 221.82**	**797.59**	**619.74**	**2 220.27**
北　京	8.55	3.80	0.47	0.44	3.85
天　津	18.01	6.61	2.29	1.48	7.63
河　北	322.00	140.29	43.70	26.83	111.17
山　西	112.00	28.22	13.11	9.68	60.99
内蒙古	235.04	94.85	43.54	19.54	77.10
辽　宁	145.47	56.93	10.03	11.67	66.83
吉　林	231.02	63.28	6.54	15.06	146.14
黑龙江	251.20	85.45	52.58	35.62	77.55
上　海	8.90	4.32	0.59	0.37	3.61
江　苏	303.85	151.36	36.82	18.18	97.49
浙　江	82.63	42.90	9.34	6.56	23.83
安　徽	318.72	100.75	32.36	29.75	155.86
福　建	116.32	44.35	16.47	23.05	32.45
江　西	134.97	38.10	20.51	20.32	56.04
山　东	439.96	139.16	45.25	38.33	217.23
河　南	706.70	219.98	108.08	58.34	320.30
湖　北	317.93	128.22	54.56	30.12	105.03
湖　南	245.26	97.93	26.05	42.01	79.27
广　东	258.30	103.60	24.75	50.72	79.23
广　西	263.83	76.03	31.02	58.45	98.33
海　南	51.36	15.57	3.39	9.00	23.40
重　庆	95.46	47.16	16.93	5.54	25.84
四　川	241.95	117.04	47.13	17.63	60.15
贵　州	95.65	46.54	11.48	9.24	28.39
云　南	231.94	112.93	34.66	26.23	58.13
西　藏	5.53	1.80	1.04	0.34	2.35
陕　西	232.15	90.02	18.64	24.26	99.24
甘　肃	84.49	34.08	15.58	7.63	27.20
青　海	8.67	3.54	1.46	0.19	3.48
宁　夏	40.80	17.35	4.34	2.78	16.32
新　疆	250.74	109.64	64.88	20.40	55.83

各地区农业主要能源及物质消耗（三）

地 区	农用塑料薄膜用量（吨）		地膜覆盖面积（公顷）	农用柴油（万吨）	农药使用量（吨）
	合计	其中：地膜			
全 国	**2 528 365**	**1 436 606**	**18 657 169**	**2 095.11**	**1 655 066**
北 京	8 973	2 342	11 620	2.25	2 726
天 津	10 906	3 751	53 711	14.03	2 353
河 北	128 100	61 564	1 000 371	224.55	77 623
山 西	49 998	31 734	588 132	28.51	28 831
内蒙古	94 306	77 593	1 333 222	73.59	35 618
辽 宁	124 791	37 906	310 755	69.33	57 474
吉 林	60 752	29 874	192 955	67.60	56 294
黑龙江	79 770	31 185	284 710	146.82	83 218
上 海	15 664	3 800	16 551	14.49	3 523
江 苏	115 085	44 986	601 693	108.96	73 167
浙 江	67 891	28 945	157 958	201.60	46 303
安 徽	97 601	43 089	427 543	75.49	99 394
福 建	62 415	31 882	140 238	83.61	52 167
江 西	53 509	33 198	133 656	29.60	87 737
山 东	287 098	114 244	1 989 055	157.75	140 670
河 南	157 298	73 023	984 362	108.84	120 713
湖 北	65 876	37 585	404 130	66.31	109 588
湖 南	85 209	56 594	724 379	44.16	116 023
广 东	45 867	26 708	139 083	77.71	112 958
广 西	47 693	36 300	574 517	56.83	72 495
海 南	27 642	16 643	48 735	16.17	33 408
重 庆	45 479	24 642	256 632	21.67	17 467
四 川	130 993	90 949	996 719	46.72	55 751
贵 州	51 138	31 901	320 498	11.41	13 399
云 南	120 150	96 235	1 065 242	85.87	57 675
西 藏	1 870	1 478	3 175	5.59	1 076
陕 西	43 954	22 322	436 924	93.43	13 335
甘 肃	172 188	108 388	1 388 762	45.54	51 995
青 海	8 416	6 699	76 380	6.41	1 875
宁 夏	15 087	11 580	199 574	22.02	2 540
新 疆	252 646	219 467	3 795 886	88.25	27 670

二、种植业

全国主要农作物播种面积和产量增减情况（一）

指　　标	2017年			2016年		
	播种面积（千公顷）	总产量（万吨）	每公顷产量（千克）	播种面积（千公顷）	总产量（万吨）	每公顷产量（千克）
农作物总播种面积	**166 331.9**			**166 939.0**		
粮食作物	**117 989.1**	**66 160.7**	**5 607**	**119 230.1**	**66 043.5**	**5 539**
夏收粮食	26 863.1	14 174.5	5 277	27 054.8	14 050.2	5 193
秋收粮食	85 984.4	48 999.1	5 699	86 866.0	48 890.8	5 628
谷物	100 764.6	61 520.5	6 105	102 701.7	61 666.5	6 004
稻谷	30 747.2	21 267.6	6 917	30 745.9	21 109.4	6 866
早稻	5 141.6	2 987.2	5 810	5 309.3	3 102.6	5 844
中稻和一季晚稻	20 028.1	14 957.3	7 468	19 779.9	14 638.9	7 401
双季晚稻	5 577.5	3 323.2	5 958	5 656.7	3 368.0	5 954
小麦	24 508.0	13 433.4	5 481	24 694.0	13 327.0	5 397
春小麦	1 612.2	639.3	3 965	1 615.7	666.2	4 123
冬小麦	22 895.8	12 794.1	5 588	23 078.2	12 660.8	5 486
玉米	42 399.0	25 907.1	6 110	44 177.6	26 361.3	5 967
谷子	861.0	254.8	2 959	857.2	233.0	2 718
高粱	506.5	246.5	4 867	472.8	223.4	4 726
其他谷物	1 742.9	411.2	2 359	1 754.3	412.3	2 350
大麦	330.0	108.5	3 289	360.9	119.2	3 304
荞麦	360.6	53.9	1 493	337.7	47.8	1 416
燕麦	372.1	54.6	1 467	369.7	50.3	1 360
豆类	10 051.3	1 841.6	1 832	9 287.2	1 650.7	1 777
大豆	8 244.8	1 528.2	1 854	7 598.5	1 359.5	1 789
绿豆	501.8	65.1	1 297	436.8	56.5	1 293
红小豆	221.1	36.0	1 628	181.0	27.5	1 522
薯类（折粮）	7 173.2	2 798.6	3 901	7 241.1	2 726.3	3 765
马铃薯	4 859.9	1 769.6	3 641	4 802.4	1 698.6	3 537

全国主要农作物播种面积和产量增减情况（二）

指标	2017年			2016年		
	播种面积（千公顷）	总产量（万吨）	每公顷产量（千克）	播种面积（千公顷）	总产量（万吨）	每公顷产量（千克）
油料作物	**13 223.2**	**3 475.2**	**2 628**	**13 191.1**	**3 400.0**	**2 578**
花生	4 607.7	1 709.2	3 710	4 448.4	1 636.1	3 678
油菜籽	6 653.0	1 327.4	1 995	6 622.8	1 312.8	1 982
芝麻	227.7	36.6	1 610	230.2	35.2	1 529
胡麻籽	234.5	30.1	1 283	243.1	32.5	1 337
向日葵籽	1 170.7	314.9	2 690	1 278.9	320.1	2 503
棉花	**3 194.7**	**565.2**	**1 769**	**3 198.3**	**534.3**	**1 671**
麻类	**58.5**	**21.8**	**3 729**	**54.2**	**18.1**	**3 346**
黄红麻	5.6	2.9	5 178	6.6	3.4	5 132
苎麻	27.1	5.1	1 874	28.0	5.2	1 863
大麻	21.9	12.5	5 693	13.7	7.2	5 238
亚麻	2.2	1.1	4 915	2.9	1.2	4 255
糖类	**1 545.6**	**11 378.8**	**73 619**	**1 555.3**	**11 176.0**	**71 860**
甘蔗	1 371.4	10 440.4	76 132	1 401.7	10 321.5	73 638
甜菜	174.3	938.4	53 843	153.6	854.5	55 630
烟叶	**1 130.6**	**239.1**	**2 115**	**1 208.4**	**257.4**	**2 130**
烤烟	1 080.9	227.9	2 108	1 152.9	244.5	2 121
药材类	**2 161.1**			**1 932.4**		
蔬菜类	**19 981.1**	**69 192.7**	**34 629**	**19 553.1**	**67 434.2**	**34 488**
瓜果类	**2 112.9**	**8 292.5**	**39 248**	**2 119.1**	**8 202.3**	**38 707**
西瓜	1 519.7	6 314.7	41 552	1 515.1	6 220.6	41 059
甜瓜	348.8	1 232.6	35 337	345.9	1 187.6	34 332
草莓	107.8	285.1	26 456	102.4	268.0	26 177
其他农作物	**4 935.2**			**4 897.0**		
青饲料	1 874.1			1 813.5		

各地区农作物总播种面积增加情况

单位：千公顷

地　区	2017年	2016年	2017年比2016年增减	
			绝对量	%
全国总计	**166 331.9**	**166 939.0**	**-607.1**	**-0.36**
北　京	120.9	145.5	-24.6	-16.91
天　津	439.5	443.7	-4.1	-0.93
河　北	8 381.6	8 467.5	-85.9	-1.01
山　西	3 577.6	3 591.5	-13.9	-0.39
内蒙古	9 014.2	8 957.2	57.0	0.64
辽　宁	4 172.3	4 242.7	-70.4	-1.66
吉　林	6 086.2	6 063.2	22.9	0.38
黑龙江	14 767.6	14 829.5	-61.9	-0.42
上　海	284.9	303.8	-18.8	-6.20
江　苏	7 556.4	7 639.9	-83.5	-1.09
浙　江	1 981.1	1 946.5	34.7	1.78
安　徽	8 726.7	8 790.1	-63.4	-0.72
福　建	1 549.3	1 548.8	0.5	0.04
江　西	5 638.5	5 668.9	-30.4	-0.54
山　东	11 107.8	11 278.6	-170.8	-1.51
河　南	14 732.5	14 902.7	-170.2	-1.14
湖　北	7 956.1	7 908.5	47.6	0.60
湖　南	8 322.0	8 341.5	-19.5	-0.23
广　东	4 227.5	4 181.6	46.0	1.10
广　西	5 969.9	5 966.7	3.1	0.05
海　南	709.4	731.9	-22.5	-3.07
重　庆	3 339.6	3 333.1	6.5	0.19
四　川	9 575.1	9 493.8	81.2	0.86
贵　州	5 659.4	5 604.8	54.6	0.97
云　南	6 790.8	6 786.6	4.2	0.06
西　藏	254.1	263.1	-9.1	-3.46
陕　西	4 063.9	4 160.2	-96.3	-2.31
甘　肃	3 752.0	3 749.2	2.8	0.08
青　海	555.3	557.7	-2.4	-0.44
宁　夏	1 132.6	1 118.8	13.8	1.23
新　疆	5 887.0	5 921.3	-34.3	-0.58

各地区粮食作物播种面积和产量

地区	2017年			2016年		
	播种面积（千公顷）	总产量（万吨）	每公顷产量（千克）	播种面积（千公顷）	总产量（万吨）	每公顷产量（千克）
全国总计	**117 989.1**	**66 160.7**	**5 607**	**119 230.1**	**66 043.5**	**5 539**
北京	66.8	41.1	6 152	85.5	52.8	6 168
天津	351.4	212.3	6 041	362.0	200.4	5 536
河北	6 658.5	3 829.2	5 751	6 791.4	3 783.0	5 570
山西	3 180.9	1 355.1	4 260	3 227.3	1 380.3	4 277
内蒙古	6 780.9	3 254.5	4 800	6 803.4	3 263.3	4 797
辽宁	3 467.5	2 330.7	6 722	3 515.0	2 315.6	6 588
吉林	5 544.0	4 154.0	7 493	5 542.4	4 150.7	7 489
黑龙江	14 154.3	7 410.3	5 235	14 201.8	7 416.1	5 222
上海	133.1	99.8	7 494	158.5	111.8	7 053
江苏	5 527.3	3 610.8	6 533	5 583.3	3 542.4	6 345
浙江	977.2	580.1	5 937	951.4	564.8	5 937
安徽	7 321.8	4 019.7	5 490	7 359.0	3 961.8	5 384
福建	833.2	487.2	5 847	832.8	477.3	5 731
江西	3 786.3	2 221.7	5 868	3 807.2	2 234.4	5 869
山东	8 455.6	5 374.3	6 356	8 517.3	5 332.3	6 261
河南	10 915.1	6 524.2	5 977	11 219.6	6 498.0	5 792
湖北	4 853.0	2 846.1	5 865	4 816.1	2 796.4	5 806
湖南	4 978.9	3 073.6	6 173	5 010.7	3 052.3	6 092
广东	2 169.7	1 208.6	5 570	2 177.8	1 204.2	5 530
广西	2 853.1	1 370.5	4 804	2 897.1	1 419.0	4 898
海南	282.5	138.1	4 889	292.0	146.1	5 003
重庆	2 030.7	1 079.9	5 318	2 039.1	1 078.2	5 288
四川	6 292.0	3 488.9	5 545	6 291.3	3 469.9	5 515
贵州	3 052.8	1 242.4	4 070	3 122.2	1 264.3	4 049
云南	4 169.2	1 843.4	4 422	4 201.3	1 815.1	4 320
西藏	185.6	106.5	5 738	188.5	103.9	5 512
陕西	3 019.4	1 194.2	3 955	3 144.0	1 264.0	4 020
甘肃	2 647.2	1 105.9	4 178	2 684.2	1 117.5	4 163
青海	282.6	102.5	3 629	284.7	104.8	3 680
宁夏	722.5	370.1	5 122	717.9	370.7	5 163
新疆	2 295.9	1 484.7	6 467	2 405.3	1 552.3	6 454

各地区夏粮作物播种面积和产量

地　区	2017年			2016年		
	播种面积（千公顷）	总产量（万吨）	每公顷产　量（千克）	播种面积（千公顷）	总产量（万吨）	每公顷产　量（千克）
全国总计	**26 863.1**	**14 174.5**	**5 277**	**27 054.8**	**14 050.2**	**5 193**
北　京	11.4	6.2	5 452	16.0	8.6	5 364
天　津	108.8	62.4	5 738	107.3	58.9	5 490
河　北	2 400.5	1 520.8	6 335	2 408.3	1 491.8	6 194
山　西	570.1	233.7	4 100	573.5	230.4	4 018
内蒙古						
辽　宁						
吉　林						
黑龙江						
上　海	24.6	11.6	4 743	46.0	17.1	3 725
江　苏	2 514.2	1 335.8	5 313	2 551.4	1 293.2	5 069
浙　江	162.3	64.5	3 975	145.3	48.6	3 347
安　徽	2 823.5	1 644.7	5 825	2 888.1	1 635.7	5 663
福　建	49.2	20.6	4 192	49.0	20.2	4 122
江　西	69.5	25.0	3 601	68.3	24.6	3 596
山　东	4 086.1	2 496.0	6 108	4 070.0	2 491.0	6 120
河　南	5 741.3	3 716.0	6 472	5 730.2	3 628.3	6 332
湖　北	1 363.2	488.2	3 582	1 344.8	497.6	3 700
湖　南	135.9	48.6	3 572	126.2	44.3	3 509
广　东	137.8	64.3	4 664	138.9	64.0	4 610
广　西	108.9	21.7	1 992	111.2	22.5	2 022
海　南	21.3	9.0	4 228	23.0	9.4	4 104
重　庆	390.4	122.9	3 148	393.3	123.0	3 128
四　川	1 135.3	422.6	3 723	1 147.8	425.3	3 705
贵　州	782.8	222.2	2 839	786.2	215.1	2 736
云　南	987.5	241.7	2 447	985.4	238.4	2 419
西　藏						
陕　西	1 105.5	442.1	3 999	1 118.8	437.3	3 909
甘　肃	871.2	301.9	3 466	878.6	303.1	3 450
青　海						
宁　夏	133.8	38.8	2 901	128.7	39.0	3 031
新　疆	1 128.1	613.1	5 435	1 218.5	682.8	5 604

各地区秋粮作物播种面积和产量

地区	2017年			2016年		
	播种面积（千公顷）	总产量（万吨）	每公顷产量（千克）	播种面积（千公顷）	总产量（万吨）	每公顷产量（千克）
全国总计	**85 984.4**	**48 999.1**	**5 699**	**86 866.0**	**48 890.8**	**5 628**
北京	55.4	34.9	6 297	69.6	44.2	6 352
天津	242.6	149.9	6 177	254.7	141.5	5 555
河北	4 258.0	2 308.5	5 422	4 383.1	2 291.2	5 227
山西	2 610.8	1 121.3	4 295	2 653.8	1 149.9	4 333
内蒙古	6 780.9	3 254.5	4 800	6 803.4	3 263.3	4 797
辽宁	3 467.5	2 330.7	6 722	3 515.0	2 315.6	6 588
吉林	5 544.0	4 154.0	7 493	5 542.4	4 150.7	7 489
黑龙江	14 154.3	7 410.3	5 235	14 201.8	7 416.1	5 222
上海	108.6	88.1	8 117	112.5	94.7	8 413
江苏	3 013.1	2 275.0	7 550	3 031.9	2 249.2	7 419
浙江	728.5	462.9	6 354	719.5	460.9	6 406
安徽	4 291.0	2 248.7	5 240	4 245.4	2 200.8	5 184
福建	665.5	393.8	5 917	644.7	373.3	5 789
江西	2 437.6	1 479.6	6 070	2 442.8	1 463.7	5 992
山东	4 369.5	2 878.3	6 587	4 447.3	2 841.3	6 389
河南	5 173.8	2 808.3	5 428	5 489.3	2 869.7	5 228
湖北	3 315.8	2 257.0	6 807	3 246.6	2 180.9	6 717
湖南	3 394.8	2 178.5	6 417	3 397.2	2 134.5	6 283
广东	1 178.5	635.3	5 391	1 186.1	630.2	5 313
广西	1 933.4	878.7	4 545	1 957.7	900.0	4 597
海南	136.8	59.1	4 324	138.7	63.6	4 582
重庆	1 640.3	957.0	5 834	1 645.8	955.2	5 804
四川	5 156.7	3 066.3	5 946	5 143.5	3 044.6	5 919
贵州	2 269.9	1 020.2	4 495	2 336.0	1 049.2	4 491
云南	3 142.6	1 580.1	5 028	3 177.0	1 555.7	4 897
西藏	185.6	106.5	5 738	188.5	103.9	5 512
陕西	1 913.9	752.1	3 930	2 025.2	826.7	4 082
甘肃	1 776.0	804.0	4 527	1 805.7	814.4	4 510
青海	282.6	102.5	3 629	284.7	104.8	3 680
宁夏	588.7	331.2	5 626	589.3	331.7	5 628
新疆	1 167.8	871.6	7 464	1 186.8	869.5	7 327

各地区谷物播种面积和产量

地　区	2017年			2016年		
	播种面积（千公顷）	总产量（万吨）	每公顷产量（千克）	播种面积（千公顷）	总产量（万吨）	每公顷产量（千克）
全国总计	**100 764.6**	**61 520.5**	**6 105**	**102 701.7**	**61 666.5**	**6 004**
北　京	62.9	39.9	6 350	82.1	51.7	6 292
天　津	344.7	209.9	6 090	356.1	198.6	5 577
河　北	6 356.7	3 674.5	5 780	6 490.6	3 645.6	5 617
山　西	2 757.9	1 280.1	4 641	2 807.5	1 310.5	4 668
内蒙古	5 177.4	2 930.8	5 661	5 266.4	2 960.1	5 621
辽　宁	3 291.8	2 261.3	6 870	3 356.8	2 260.0	6 733
吉　林	5 152.9	4 044.0	7 848	5 193.3	4 054.2	7 807
黑龙江	10 006.4	6 609.7	6 605	10 635.4	6 754.8	6 351
上　海	131.2	99.3	7 562	154.8	111.0	7 169
江　苏	5 251.8	3 536.2	6 733	5 305.3	3 466.6	6 534
浙　江	784.9	513.4	6 542	758.0	498.9	6 582
安　徽	6 597.8	3 907.7	5 923	6 651.2	3 852.4	5 792
福　建	660.2	406.3	6 154	662.0	399.3	6 032
江　西	3 561.1	2 145.9	6 026	3 583.4	2 160.1	6 028
山　东	8 228.0	5 259.2	6 392	8 265.3	5 202.9	6 295
河　南	10 412.6	6 382.9	6 130	10 608.1	6 360.4	5 996
湖　北	4 331.8	2 716.0	6 270	4 312.0	2 677.7	6 210
湖　南	4 650.6	2 955.2	6 354	4 689.5	2 937.8	6 264
广　东	1 929.2	1 102.0	5 712	1 934.2	1 096.4	5 669
广　西	2 436.5	1 298.0	5 327	2 482.5	1 347.9	5 430
海　南	246.7	123.2	4 996	253.6	130.8	5 156
重　庆	1 156.8	756.4	6 539	1 169.4	758.5	6 486
四　川	4 507.7	2 831.8	6 282	4 538.2	2 822.1	6 219
贵　州	1 938.8	950.6	4 903	2 005.2	974.7	4 861
云　南	3 173.1	1 568.1	4 942	3 207.1	1 540.0	4 802
西　藏	180.0	102.0	5 667	181.8	101.3	5 574
陕　西	2 483.7	1 074.3	4 325	2 644.6	1 155.2	4 368
甘　肃	1 954.0	889.3	4 551	2 003.1	908.6	4 536
青　海	182.5	64.9	3 558	187.7	67.9	3 614
宁　夏	585.1	333.1	5 693	574.8	334.3	5 817
新　疆	2 229.9	1 454.3	6 522	2 341.9	1 526.2	6 517

各地区稻谷播种面积和产量

地　　区	2017年			2016年		
	播种面积（千公顷）	总产量（万吨）	每公顷产　量（千克）	播种面积（千公顷）	总产量（万吨）	每公顷产　量（千克）
全国总计	**30 747.2**	**21 267.6**	**6 917**	**30 745.9**	**21 109.4**	**6 866**
北　京	0.1	0.1	5 992	0.2	0.1	6 721
天　津	30.5	26.3	8 637	26.5	20.0	7 557
河　北	75.0	50.4	6 722	76.3	51.2	6 712
山　西	0.8	0.5	6 810	0.8	0.6	7 000
内蒙古	122.2	85.2	6 975	108.8	69.8	6 415
辽　宁	492.7	422.0	8 567	476.4	410.4	8 615
吉　林	820.8	684.4	8 338	800.2	670.5	8 379
黑龙江	3 948.9	2 819.3	7 140	3 925.3	2 763.6	7 040
上　海	104.1	85.6	8 222	106.3	91.4	8 600
江　苏	2 237.7	1 892.6	8 458	2 256.3	1 898.9	8 416
浙　江	620.7	444.9	7 168	613.1	444.8	7 256
安　徽	2 605.1	1 647.5	6 324	2 537.4	1 570.0	6 188
福　建	628.6	393.2	6 255	630.9	386.6	6 128
江　西	3 504.7	2 126.1	6 067	3 527.1	2 140.5	6 069
山　东	108.9	90.1	8 281	106.7	88.8	8 328
河　南	615.0	485.2	7 890	614.1	508.3	8 277
湖　北	2 368.1	1 927.2	8 138	2 358.7	1 874.5	7 947
湖　南	4 238.7	2 740.4	6 465	4 277.6	2 724.6	6 370
广　东	1 805.4	1 046.3	5 796	1 806.0	1 039.5	5 756
广　西	1 801.7	1 019.8	5 660	1 836.7	1 066.0	5 804
海　南	246.7	123.2	4 996	253.3	130.7	5 158
重　庆	658.9	487.0	7 391	660.9	487.6	7 377
四　川	1 874.9	1 473.7	7 860	1 874.0	1 467.3	7 830
贵　州	700.5	448.8	6 407	714.2	456.0	6 384
云　南	870.6	529.2	6 079	881.4	524.1	5 946
西　藏	0.9	0.5	5 607	1.1	0.6	5 280
陕　西	105.6	80.6	7 627	107.4	80.5	7 491
甘　肃	4.0	2.9	7 216	4.2	2.8	6 710
青　海						
宁　夏	81.1	68.8	8 491	80.9	67.9	8 394
新　疆	74.2	65.5	8 819	83.1	71.7	8 627

各地区早稻播种面积和产量

地区	2017年			2016年		
	播种面积（千公顷）	总产量（万吨）	每公顷产量（千克）	播种面积（千公顷）	总产量（万吨）	每公顷产量（千克）
全国总计	**5 141.6**	**2 987.2**	**5 810**	**5 309.3**	**3 102.6**	**5 844**
北京						
天津						
河北						
山西						
内蒙古						
辽宁						
吉林						
黑龙江						
上海						
江苏						
浙江	86.4	52.8	6 105	86.5	55.3	6 390
安徽	207.4	126.4	6 094	225.4	125.3	5 558
福建	118.6	72.8	6 137	139.1	83.8	6 027
江西	1 279.2	717.1	5 606	1 296.1	746.2	5 757
山东						
河南						
湖北	174.0	100.9	5 796	224.7	117.9	5 245
湖南	1 448.2	846.5	5 845	1 487.3	873.5	5 873
广东	853.5	509.0	5 964	852.8	510.0	5 981
广西	810.7	470.2	5 799	828.2	496.5	5 995
海南	124.5	70.0	5 623	130.3	73.1	5 609
重庆						
四川						
贵州						
云南	39.1	21.7	5 549	38.8	21.0	5 406
西藏						
陕西						
甘肃						
青海						
宁夏						
新疆						

各地区中稻和一季晚稻播种面积和产量

地 区	播种面积（千公顷）	总产量（万吨）	每公顷产量（千克）
全国总计	**20 028.1**	**14 957.3**	**7 468**
北 京	0.1	0.1	5 992
天 津	30.5	26.3	8 637
河 北	75.0	50.4	6 722
山 西	0.8	0.5	6 810
内 蒙 古	122.2	85.2	6 975
辽 宁	492.7	422.0	8 567
吉 林	820.8	684.4	8 338
黑 龙 江	3 948.9	2 819.3	7 140
上 海	104.1	85.6	8 222
江 苏	2 237.7	1 892.6	8 458
浙 江	439.6	333.6	7 590
安 徽	2 190.1	1 414.6	6 459
福 建	256.7	163.3	6 361
江 西	858.6	564.4	6 573
山 东	108.9	90.1	8 281
河 南	615.0	485.2	7 890
湖 北	1 991.7	1 688.7	8 479
湖 南	1 291.3	932.6	7 222
广 东			
广 西	141.0	96.8	6 865
海 南			
重 庆	658.9	487.0	7 391
四 川	1 874.9	1 473.7	7 860
贵 州	700.5	448.8	6 407
云 南	802.2	493.4	6 151
西 藏	0.9	0.5	5 607
陕 西	105.6	80.6	7 627
甘 肃	4.0	2.9	7 216
青 海			
宁 夏	81.1	68.8	8 491
新 疆	74.2	65.5	8 819

各地区双季晚稻播种面积和产量

地　区	播种面积（千公顷）	总产量（万吨）	每公顷产量（千克）
全国总计	**5 577.50**	**3 323.15**	**5 958**
北　京			
天　津			
河　北			
山　西			
内蒙古			
辽　宁			
吉　林			
黑龙江			
上　海			
江　苏			
浙　江	94.67	58.50	6 180
安　徽	207.68	106.45	5 126
福　建	253.33	157.15	6 203
江　西	1 366.83	844.69	6 180
山　东			
河　南			
湖　北	202.38	137.56	6 797
湖　南	1 499.23	961.30	6 412
广　东	951.94	537.33	5 645
广　西	849.92	452.80	5 328
海　南	122.20	53.25	4 358
重　庆			
四　川			
贵　州			
云　南	29.33	14.12	4 814
西　藏			
陕　西			
甘　肃			
青　海			
宁　夏			
新　疆			

各地区小麦播种面积和产量

地　　区	2017年			2016年		
	播种面积（千公顷）	总产量（万吨）	每公顷产量（千克）	播种面积（千公顷）	总产量（万吨）	每公顷产量（千克）
全国总计	**24 508.0**	**13 433.4**	**5 481**	**24 694.0**	**13 327.0**	**5 397**
北　京	11.3	6.2	5 492	15.9	8.5	5 374
天　津	108.8	62.4	5 738	107.3	58.9	5 490
河　北	2 373.4	1 504.1	6 338	2 389.8	1 480.2	6 194
山　西	560.5	232.4	4 146	564.0	229.1	4 063
内蒙古	673.9	189.1	2 805	658.8	187.7	2 849
辽　宁	3.6	1.3	3 516	2.9	1.1	3 793
吉　林	2.4	0.1	614	0.4	0.2	3 704
黑龙江	101.8	38.1	3 742	78.6	28.6	3 639
上　海	21.0	10.2	4 846	35.6	13.2	3 710
江　苏	2 412.8	1 295.5	5 369	2 436.8	1 245.8	5 112
浙　江	103.7	41.9	4 043	85.3	28.3	3 315
安　徽	2 822.8	1 644.5	5 826	2 887.6	1 635.5	5 664
福　建	0.2	0.1	2 845	0.2	0.1	2 827
江　西	14.5	3.1	2 137	14.4	3.0	2 114
山　东	4 083.9	2 495.1	6 110	4 068.0	2 490.1	6 121
河　南	5 714.6	3 705.2	6 484	5 704.9	3 618.6	6 343
湖　北	1 153.2	426.9	3 702	1 140.7	440.7	3 864
湖　南	28.3	9.6	3 391	22.8	7.0	3 072
广　东	0.5	0.1	3 193	0.9	0.3	3 297
广　西	3.1	0.5	1 655	3.2	0.5	1 641
海　南						
重　庆	30.1	9.8	3 246	34.3	11.3	3 283
四　川	652.7	251.6	3 855	684.0	259.6	3 795
贵　州	156.0	41.2	2 641	169.2	41.8	2 472
云　南	343.7	73.7	2 144	344.2	71.5	2 078
西　藏	39.3	21.9	5 576	42.6	26.9	6 307
陕　西	963.1	406.4	4 220	980.8	403.2	4 111
甘　肃	766.5	269.7	3 519	774.7	272.1	3 513
青　海	112.4	42.3	3 765	112.9	43.3	3 832
宁　夏	123.1	37.8	3 071	117.3	38.0	3 239
新　疆	1 126.8	612.6	5 436	1 215.9	681.8	5 608

各地区冬小麦、春小麦播种面积和产量

地区	冬小麦			春小麦		
	播种面积（千公顷）	总产量（万吨）	每公顷产量（千克）	播种面积（千公顷）	总产量（万吨）	每公顷产量（千克）
全国总计	**22 895.79**	**12 794.09**	**5 588**	**1 612.20**	**639.30**	**3 965**
北京	11.20	6.16	5 504	0.08		
天津	95.73	55.64	5 812	13.04	6.77	5 189
河北	2 364.09	1 499.38	6 342	9.27	4.74	5 110
山西	560.53	232.40	4 146			
内蒙古				673.94	189.05	2 805
辽宁				3.57	1.26	3 516
吉林				2.42	0.15	614
黑龙江				101.79	38.09	3 742
上海	21.01	10.18	4 846			
江苏	2 412.75	1 295.47	5 369			
浙江	103.67	41.92	4 043			
安徽	2 822.79	1 644.47	5 826			
福建	0.20	0.06	2 845			
江西	14.51	3.10	2 137			
山东	4 083.87	2 495.11	6 110			
河南	5 714.64	3 705.21	6 484			
湖北	1 153.22	426.90	3 702			
湖南	28.34	9.61	3 391			
广东	0.46	0.15	3 193			
广西	3.08	0.51	1 655			
海南						
重庆	30.13	9.78	3 246			
四川	641.89	248.80	3 876	10.77	2.80	2 599
贵州	155.97	41.20	2 641			
云南	343.68	73.68	2 144			
西藏	25.76	15.58	6 051	13.59	6.36	4 677
陕西	963.15	406.41	4 220			
甘肃	569.09	174.28	3 062	197.38	95.44	4 836
青海				112.42	42.33	3 765
宁夏	57.20	9.28	1 622	65.93	28.54	4 329
新疆	718.83	388.81	5 409	408.01	223.77	5 484

各地区玉米播种面积和产量

地　　区	2017年			2016年		
	播种面积（千公顷）	总产量（万吨）	每公顷产量（千克）	播种面积（千公顷）	总产量（万吨）	每公顷产量（千克）
全国总计	**42 399.0**	**25 907.1**	**6 110**	**44 177.6**	**26 361.3**	**5 967**
北　京	49.7	33.2	6 677	64.3	42.5	6 621
天　津	201.4	119.3	5 923	219.5	118.7	5 406
河　北	3 544.1	2 035.5	5 743	3 696.1	2 031.2	5 495
山　西	1 806.9	977.9	5 412	1 860.7	1 018.0	5 471
内蒙古	3 716.3	2 497.4	6 720	3 843.6	2 563.1	6 669
辽　宁	2 692.0	1 789.4	6 647	2 789.8	1 810.1	6 488
吉　林	4 164.0	3 250.8	7 807	4 242.0	3 286.3	7 747
黑龙江	5 862.8	3 703.1	6 316	6 528.4	3 912.8	5 994
上　海	3.0	2.1	6 925	4.0	2.7	6 843
江　苏	543.2	318.1	5 855	540.2	284.4	5 266
浙　江	51.9	23.0	4 440	49.9	21.9	4 382
安　徽	1 160.1	610.7	5 264	1 203.3	634.5	5 273
福　建	26.8	11.4	4 251	26.2	11.0	4 183
江　西	35.7	15.4	4 319	35.6	15.3	4 290
山　东	4 000.1	2 662.2	6 655	4 059.3	2 613.8	6 439
河　南	3 998.9	2 170.1	5 427	4 210.5	2 216.3	5 264
湖　北	794.8	356.7	4 489	797.3	357.4	4 483
湖　南	365.8	199.2	5 445	370.5	200.0	5 399
广　东	121.0	54.6	4 518	123.8	55.4	4 475
广　西	591.2	271.6	4 595	603.2	275.8	4 572
海　南						
重　庆	447.3	252.6	5 647	453.9	252.8	5 569
四　川	1 863.9	1 068.0	5 730	1 866.0	1 058.0	5 670
贵　州	1 006.4	441.2	4 384	1 041.6	456.4	4 382
云　南	1 763.8	912.9	5 176	1 784.8	892.3	4 999
西　藏	4.9	3.0	6 154	4.9	2.9	5 843
陕　西	1 196.9	551.1	4 605	1 341.8	636.2	4 742
甘　肃	1 041.0	576.7	5 540	1 056.7	591.9	5 601
青　海	18.9	12.2	6 480	20.1	13.6	6 788
宁　夏	306.3	214.9	7 014	313.2	220.5	7 038
新　疆	1 019.9	772.6	7 575	1 026.4	765.6	7 460

各地区谷子、高粱播种面积和产量

地区	谷子			高粱		
	播种面积（千公顷）	总产量（万吨）	每公顷产量（千克）	播种面积（千公顷）	总产量（万吨）	每公顷产量（千克）
全国总计	**861.0**	**254.8**	**2 959**	**506.5**	**246.5**	**4 867**
北京	1.5	0.4	2 540	0.2	0.1	3 494
天津	1.1	0.3	2 996	2.6	1.5	5 796
河北	127.2	45.0	3 534	2.4	0.9	3 537
山西	199.2	41.6	2 088	22.5	6.6	2 936
内蒙古	234.4	76.6	3 268	90.2	31.5	3 494
辽宁	54.0	19.9	3 677	36.1	24.6	6 822
吉林	46.2	22.4	4 846	117.8	85.7	7 281
黑龙江	18.4	7.3	3 987	53.9	33.9	6 296
上海						
江苏	0.1	…	2 067	0.2	0.2	8 350
浙江						
安徽	8.8	4.8	5 452	0.3	0.2	4 783
福建				0.1	…	4 240
江西				2.5	0.3	1 400
山东	30.6	10.2	3 319	3.3	1.1	3 269
河南	36.0	7.6	2 103	21.3	3.3	1 557
湖北	0.1	…	3 750	5.0	1.8	3 529
湖南				6.3	2.5	3 889
广东	0.1	…	2 500	…	…	3 350
广西	5.4	1.3	2 308	5.8	1.7	2 857
海南						
重庆				16.0	6.1	3 833
四川				33.0	17.8	5 400
贵州	4.2	0.8	1 936	45.1	12.5	2 778
云南	0.4	0.1	3 415	3.4	1.0	2 861
西藏						
陕西	67.0	11.4	1 701	16.3	5.5	3 374
甘肃	9.7	1.8	1 900	14.1	5.3	3 773
青海						
宁夏	14.7	2.3	1 534	3.1	0.8	2 463
新疆	1.8	1.0	5 594	4.9	1.6	3 325

各地区其他谷物播种面积和产量（一）

地　　区	其他谷物			其中：大麦		
	播种面积（千公顷）	总产量（万吨）	每公顷产量（千克）	播种面积（千公顷）	总产量（万吨）	每公顷产量（千克）
全国总计	**1 742.9**	**411.2**	**2 359**	**330.0**	**108.5**	**3 289**
北　　京	0.1	…	1 523			
天　　津	0.4	0.1	2 512			
河　　北	234.7	38.7	1 648	0.1	0.1	4 520
山　　西	168.1	21.1	1 254			
内 蒙 古	340.3	51.0	1 499	42.7	6.5	1 532
辽　　宁	13.5	4.1	3 031			
吉　　林	1.6	0.4	2 738			
黑 龙 江	20.7	7.9	3 832	0.6	0.2	3 976
上　　海	3.1	1.4	4 433	3.1	1.4	4 433
江　　苏	57.8	29.9	5 177	53.1	28.3	5 335
浙　　江	8.6	3.6	4 130	5.1	2.0	3 853
安　　徽	0.7	0.2	3 008	0.1	0.1	5 417
福　　建	4.5	1.6	3 598	…	…	3 189
江　　西	3.7	0.9	2 520	0.3	0.1	1 667
山　　东	1.2	0.6	4 619	0.7	0.4	5 349
河　　南	26.7	11.4	4 275	26.7	11.4	4 275
湖　　北	10.6	3.4	3 213	8.2	2.7	3 292
湖　　南	11.4	3.6	3 132	1.4	0.6	3 929
广　　东	2.2	0.8	3 655			
广　　西	29.2	3.1	1 071			
海　　南	…	…	2 925			
重　　庆	4.4	0.9	2 007	0.5	0.1	2 191
四　　川	83.3	20.7	2 485	11.7	4.4	3 750
贵　　州	26.7	6.1	2 276	2.5	0.4	1 522
云　　南	191.2	51.1	2 674	95.8	28.0	2 918
西　　藏	134.9	76.6	5 676	0.9	0.2	2 529
陕　　西	134.7	19.3	1 432	3.6	1.6	4 356
甘　　肃	118.6	32.8	2 766	20.9	9.1	4 365
青　　海	51.2	10.4	2 025	49.8	10.1	2 026
宁　　夏	56.8	8.6	1 507			
新　　疆	2.1	1.0	4 800	2.1	1.0	4 800

各地区其他谷物播种面积和产量（二）

地区	其他谷物（续）					
	荞麦			燕麦		
	播种面积（千公顷）	总产量（万吨）	每公顷产量（千克）	播种面积（千公顷）	总产量（万吨）	每公顷产量（千克）
全国总计	**360.62**	**53.85**	**1 493**	**372.13**	**54.60**	**1 467**
北京						
天津				0.09	0.04	3 750
河北	2.57	0.32	1 261	115.79	16.11	1 391
山西	16.49	2.03	1 230	54.38	6.08	1 118
内蒙古	96.18	17.12	1 780	168.09	22.98	1 367
辽宁	0.33	0.06	1 833			
吉林	0.61	0.13	2 143			
黑龙江	0.12	0.01	1 273	0.58	0.15	2 502
上海						
江苏	0.47	0.16	3 466			
浙江						
安徽	0.04	0.03	6 518			
福建						
江西	0.49	0.14	2 833			
山东						
河南						
湖北	0.35	0.05	1 500	0.07	0.02	2 308
湖南	2.20	0.64	2 909			
广东						
广西	28.14	2.92	1 037			
海南						
重庆	3.80	0.76	1 989	0.06	0.01	1 531
四川	32.13	6.51	2 025	4.00	0.82	2 055
贵州	8.82	1.70	1 927	0.73	0.08	1 159
云南	6.78	1.45	2 136	5.24	1.15	2 196
西藏		0.31				
陕西	84.01	8.68	1 033			
甘肃	37.08	4.79	1 292	19.44	6.73	3 463
青海						
宁夏	40.00	6.05	1 513	3.65	0.44	1 207
新疆						

各地区豆类播种面积和产量（一）

地　　区	豆类			其中：大豆		
	播种面积（千公顷）	总产量（万吨）	每公顷产量（千克）	播种面积（千公顷）	总产量（万吨）	每公顷产量（千克）
全国总计	**10 051.3**	**1 841.6**	**1 832**	**8 244.8**	**1 528.2**	**1 854**
北　　京	2.9	0.6	2 023	2.2	0.5	2 141
天　　津	3.8	0.8	2 247	3.4	0.8	2 301
河　　北	90.1	20.8	2 311	70.1	17.1	2 434
山　　西	238.3	28.3	1 188	130.8	17.1	1 307
内 蒙 古	1 171.4	186.2	1 590	989.0	162.6	1 644
辽　　宁	85.3	21.0	2 468	74.3	19.3	2 598
吉　　林	329.0	67.1	2 039	220.2	50.2	2 278
黑 龙 江	3 982.1	719.6	1 807	3 735.5	689.4	1 846
上　　海	1.5	0.3	1 971	1.1	0.2	1 955
江　　苏	249.7	58.8	2 354	194.4	45.0	2 312
浙　　江	108.3	27.4	2 529	80.4	20.4	2 535
安　　徽	658.7	97.1	1 475	620.5	94.0	1 515
福　　建	36.0	9.9	2 760	29.0	7.8	2 700
江　　西	123.3	28.3	2 294	102.1	25.2	2 468
山　　东	125.0	33.6	2 690	119.5	32.1	2 687
河　　南	389.9	53.4	1 369	345.2	50.4	1 459
湖　　北	238.5	38.5	1 613	212.3	34.3	1 616
湖　　南	141.0	32.0	2 268	99.7	23.2	2 328
广　　东	40.5	11.1	2 750	31.2	8.5	2 720
广　　西	149.4	24.7	1 652	94.3	15.3	1 625
海　　南	5.5	1.7	3 135	2.1	0.7	3 215
重　　庆	200.2	40.2	2 009	96.7	19.5	2 017
四　　川	518.4	119.2	2 300	369.3	85.9	2 325
贵　　州	298.2	25.6	857	194.7	19.3	990
云　　南	468.4	118.3	2 526	173.1	43.5	2 512
西　　藏	4.7	4.0	8 529	…	2.0	
陕　　西	189.1	28.6	1 514	151.9	23.9	1 574
甘　　肃	127.9	25.2	1 968	64.4	9.3	1 451
青　　海	13.2	2.8	2 115			
宁　　夏	18.7	1.7	925	8.0	0.7	909
新　　疆	42.4	14.6	3 441	29.5	10.2	3 454

各地区豆类播种面积和产量（二）

地区	豆类（续）					
	绿豆			红小豆		
	播种面积（千公顷）	总产量（万吨）	每公顷产量（千克）	播种面积（千公顷）	总产量（万吨）	每公顷产量（千克）
全国总计	**501.77**	**65.06**	**1 297**	**221.10**	**36.00**	**1 628**
北京	0.11	0.01	1 091	0.35	0.04	1 208
天津	0.13	0.02	1 629	0.13	0.02	1 760
河北	6.88	1.07	1 549	3.46	0.58	1 679
山西	47.18	4.67	990	10.89	1.18	1 088
内蒙古	139.71	17.90	1 281	22.44	3.95	1 760
辽宁	4.10	0.63	1 537	4.68	0.93	1 996
吉林	100.40	15.14	1 508	8.34	1.78	2 136
黑龙江	47.22	5.25	1 111	123.98	19.35	1 561
上海						
江苏	2.04	0.48	2 357	6.29	1.48	2 352
浙江						
安徽	31.62	2.47	780	6.54	0.65	987
福建	0.57	0.13	2 341	0.28	0.06	2 253
江西	3.25	0.45	1 394	0.23	0.06	2 500
山东	2.05	0.49	2 410	0.74	0.17	2 353
河南	40.00	3.00	750			
湖北	4.51	0.61	1 350	1.77	0.09	503
湖南	10.70	2.17	2 028	1.10	0.20	1 818
广东	1.48	0.37	2 514	0.87	0.24	2 760
广西	17.21	2.43	1 412	0.80	0.11	1 413
海南	0.19	0.04	1 940	0.38	0.16	4 249
重庆	11.23	2.20	1 957	1.51	0.29	1 896
四川	11.87	2.37	1 995	1.27	0.20	1 605
贵州	4.06	0.37	912	3.89	0.32	823
云南	3.95	0.75	1 905	4.51	0.90	2 000
西藏						
陕西	9.36	0.92	983	13.72	1.70	1 235
甘肃	0.35	0.11	3 016	2.07	0.53	2 539
青海						
宁夏						
新疆	1.60	1.02	6 380	0.87	1.01	11 597

各地区薯类播种面积和产量

地　　区	薯类（折粮）			其中：马铃薯（折粮）		
	播种面积（千公顷）	总产量（万吨）	每公顷产　量（千克）	播种面积（千公顷）	总产量（万吨）	每公顷产　量（千克）
全国总计	**7 173.2**	**2 798.6**	**3 901**	**4 859.9**	**1 769.6**	**3 641**
北　京	1.1	0.6	5 600			
天　津	2.9	1.5	5 087	1.7	0.6	3 620
河　北	211.6	133.9	6 327	162.8	102.7	6 308
山　西	184.7	46.7	2 530	168.1	40.9	2 431
内蒙古	432.2	137.5	3 182	432.1	137.5	3 181
辽　宁	90.4	48.4	5 352	63.5	39.5	6 220
吉　林	62.1	42.9	6 916	60.1	41.7	6 944
黑龙江	165.7	81.0	4 888	164.1	80.0	4 877
上　海	0.4	0.2	6 192			
江　苏	25.8	15.8	6 125			
浙　江	84.1	39.3	4 677	45.0	18.7	4 148
安　徽	65.3	14.8	2 271	2.4	1.4	5 846
福　建	137.0	70.9	5 176	45.6	18.8	4 132
江　西	101.9	47.5	4 661	37.0	19.3	5 219
山　东	102.6	81.5	7 940			
河　南	112.7	88.0	7 811			
湖　北	282.7	91.6	3 241	203.8	64.9	3 184
湖　南	187.4	86.5	4 615	75.2	31.3	4 162
广　东	200.0	95.4	4 771	51.1	25.0	4 881
广　西	267.2	47.8	1 790	55.3	13.8	2 486
海　南	30.3	13.1	4 340	0.1	…	4 106
重　庆	673.7	283.3	4 204	335.0	117.6	3 510
四　川	1 265.9	537.9	4 249	684.1	283.8	4 148
贵　州	815.8	266.3	3 264	699.8	231.7	3 311
云　南	527.6	157.0	2 976	471.0	145.4	3 086
西　藏	1.0	0.5	5 585	1.0	0.5	5 585
陕　西	346.6	91.3	2 633	311.0	79.6	2 559
甘　肃	565.3	191.4	3 386	565.3	191.4	3 386
青　海	86.8	34.8	4 009	86.8	34.8	4 009
宁　夏	118.7	35.2	2 966	118.7	35.2	2 966
新　疆	23.6	15.8	6 699	19.3	13.6	7 034

各地区油料播种面积和产量

地区	2017年			2016年		
	播种面积（千公顷）	总产量（吨）	每公顷产量（千克）	播种面积（千公顷）	总产量（吨）	每公顷产量（千克）
全国总计	**13 223.2**	**34 752 385**	**2 628**	**13 191.1**	**34 000 490**	**2 578**
北京	2.2	5 326	2 472	2.2	5 570	2 523
天津	5.6	12 608	2 260	5.6	13 375	2 394
河北	394.6	1 293 984	3 279	383.1	1 262 022	3 294
山西	114.1	150 425	1 319	118.0	159 473	1 351
内蒙古	1 113.1	2 406 905	2 162	1 112.0	2 288 164	2 058
辽宁	278.4	814 563	2 926	278.1	793 958	2 855
吉林	408.7	1 284 836	3 144	390.0	1 093 038	2 802
黑龙江	76.3	142 586	1 868	123.7	207 488	1 677
上海	3.2	7 612	2 357	5.0	10 636	2 144
江苏	267.6	853 611	3 190	283.4	886 711	3 129
浙江	122.3	269 000	2 200	126.0	259 800	2 062
安徽	518.3	1 546 592	2 984	542.7	1 594 523	2 938
福建	72.5	195 516	2 698	73.5	194 059	2 642
江西	699.0	1 206 400	1 726	698.2	1 177 400	1 686
山东	725.2	3 183 002	4 389	735.8	3 171 371	4 310
河南	1 397.5	5 869 460	4 200	1 302.3	5 498 183	4 222
湖北	1 291.3	3 076 878	2 383	1 310.9	3 051 518	2 328
湖南	1 311.6	2 260 783	1 724	1 299.8	2 212 171	1 702
广东	331.8	1 012 849	3 052	329.5	993 474	3 015
广西	239.3	649 251	2 713	233.1	624 978	2 681
海南	33.0	90 284	2 739	34.3	95 946	2 796
重庆	318.5	623 962	1 959	310.4	608 526	1 960
四川	1 478.9	3 578 899	2 420	1 440.4	3 461 783	2 403
贵州	661.2	1 155 191	1 747	662.5	1 152 834	1 740
云南	288.8	562 563	1 948	292.7	563 442	1 925
西藏	19.6	59 422	3 034	22.6	62 133	2 748
陕西	278.6	597 500	2 145	272.8	572 800	2 100
甘肃	346.5	773 530	2 233	358.6	821 158	2 290
青海	155.3	302 767	1 950	148.8	313 403	2 106
宁夏	33.3	69 443	2 087	35.4	76 234	2 152
新疆	237.2	696 636	2 937	259.7	774 318	2 982

各地区花生播种面积和产量

地区	2017年			2016年		
	播种面积（千公顷）	总产量（吨）	每公顷产量（千克）	播种面积（千公顷）	总产量（吨）	每公顷产量（千克）
全国总计	**4 607.7**	**17 092 333**	**3 710**	**4 448.4**	**16 361 324**	**3 678**
北京	1.4	4 092	2 835	1.5	4 443	2 982
天津	1.5	5 262	3 594	1.3	4 301	3 398
河北	266.8	1 034 076	3 876	270.6	1 026 794	3 794
山西	5.8	13 049	2 263	6.2	12 599	2 022
内蒙古	23.3	59 280	2 539	21.7	55 729	2 566
辽宁	271.7	800 159	2 945	269.8	759 264	2 815
吉林	332.6	1 092 701	3 285	268.7	868 373	3 232
黑龙江	18.7	49 652	2 655	23.1	46 937	2 035
上海	1.0	2 802	2 820	1.1	2 863	2 721
江苏	88.2	347 835	3 946	90.1	352 413	3 910
浙江	17.1	51 000	2 975	17.3	50 100	2 890
安徽	138.9	687 564	4 951	138.7	687 107	4 955
福建	67.1	187 283	2 792	68.1	185 992	2 733
江西	162.5	467 719	2 879	160.4	456 061	2 842
山东	709.2	3 135 284	4 421	719.0	3 121 341	4 341
河南	1 151.9	5 298 139	4 599	1 051.0	4 942 675	4 703
湖北	230.5	783 718	3 400	232.1	779 843	3 359
湖南	106.1	275 925	2 600	104.3	268 154	2 570
广东	319.1	984 178	3 084	314.5	954 831	3 036
广西	206.0	608 011	2 951	199.8	584 003	2 923
海南	32.1	89 158	2 781	33.4	94 783	2 838
重庆	62.1	134 239	2 161	61.6	130 329	2 117
四川	261.1	659 928	2 527	260.2	647 812	2 490
贵州	51.5	112 659	2 186	51.3	108 462	2 115
云南	37.5	62 389	1 663	38.0	63 029	1 659
西藏	0.1	242	3 129	0.1	383	3 092
陕西	39.5	124 600	3 158	39.0	122 900	3 150
甘肃	0.6	2 097	3 557	0.6	2 200	3 548
青海						
宁夏	0.1	584		0.2	952	
新疆	3.6	18 706	5 137	4.8	26 650	5 562

各地区油菜籽播种面积和产量

地区	2017年			2016年		
	播种面积（千公顷）	总产量（吨）	每公顷产量（千克）	播种面积（千公顷）	总产量（吨）	每公顷产量（千克）
全国总计	**6 653.0**	**13 274 131**	**1 995**	**6 622.8**	**13 128 036**	**1 982**
北京	…	30	941			
天津	0.2	435	1 762	0.1	313	2 299
河北	24.5	41 681	1 700	19.5	32 177	1 652
山西	18.8	17 759	945	12.8	15 177	1 188
内蒙古	309.6	356 032	1 150	302.2	416 565	1 378
辽宁	0.8	1 302	1 677	0.7	1 336	1 839
吉林	0.5	446	937	0.3		
黑龙江	0.3	709	2 605	0.2	535	2 605
上海	2.2	4 830	2 177	3.8	7 756	2 016
江苏	175.3	497 711	2 840	188.8	525 986	2 785
浙江	96.2	202 000	2 101	99.3	193 700	1 950
安徽	354.1	831 562	2 348	375.3	875 818	2 333
福建	4.9	7 550	1 541	4.9	7 396	1 506
江西	509.1	704 035	1 383	510.6	689 120	1 350
山东	8.0	21 235	2 638	8.5	22 696	2 676
河南	155.7	420 842	2 703	162.2	409 046	2 522
湖北	971.2	2 131 710	2 195	983.6	2 111 367	2 147
湖南	1 188.9	1 956 971	1 646	1 176.2	1 912 990	1 626
广东	8.7	21 379	2 445	10.0	29 405	2 936
广西	20.8	21 640	1 042	20.7	21 592	1 044
海南						
重庆	244.3	474 285	1 942	236.9	462 397	1 952
四川	1 206.2	2 880 335	2 388	1 166.8	2 769 958	2 374
贵州	516.1	880 245	1 705	520.0	885 510	1 703
云南	232.1	475 215	2 047	237.3	475 072	2 002
西藏	19.5	59 180	3 033	22.5	61 750	2 746
陕西	179.6	382 400	2 130	179.8	374 900	2 085
甘肃	198.5	437 761	2 205	194.9	411 007	2 109
青海	153.6	290 200	1 889	147.1	310 626	2 112
宁夏	1.9	4 240	2 184	1.7	3 828	2 279
新疆	51.3	150 414	2 933	36.1	100 012	2 767

各地区棉花播种面积和产量

地 区	2017年			2016年		
	播种面积（千公顷）	总产量（吨）	每公顷产量（千克）	播种面积（千公顷）	总产量（吨）	每公顷产量（千克）
全国总计	**3 194.7**	**5 651 935**	**1 769**	**3 198.3**	**5 342 843**	**1 671**
北 京		2		…	45	1 164
天 津	20.7	24 805	1 200	12.9	21 000	1 624
河 北	220.6	240 380	1 090	230.9	239 000	1 035
山 西	2.9	4 014	1 400	3.5	5 162	1 464
内蒙古		1		0.2	329	1 493
辽 宁				0.1	101	1 355
吉 林						
黑龙江						
上 海	0.4	409	1 024	0.3	1 000	2 977
江 苏	21.0	25 725	1 225	31.7	36 924	1 165
浙 江	4.5	6 433	1 419	5.6	8 262	1 470
安 徽	88.1	85 541	971	110.1	110 779	1 006
福 建		1		0.1	86	769
江 西	69.0	104 645	1 517	67.0	99 636	1 486
山 东	174.7	207 199	1 186	279.1	328 956	1 178
河 南	40.0	43 585	1 090	50.0	48 750	974
湖 北	204.8	183 635	897	205.0	190 000	927
湖 南	95.7	109 503	1 145	106.5	126 208	1 185
广 东				0.3		
广 西	1.3	1 494	1 179	1.5	1 732	1 127
海 南						
重 庆						
四 川	4.4	4 276	972	4.5	5 000	1 105
贵 州	1.4	1 115	796	1.8	2 000	1 089
云 南				0.1	105	1 341
西 藏						
陕 西	8.5	11 594	1 369	12.0	16 910	1 405
甘 肃	19.4	31 592	1 628	15.2	22 858	1 502
青 海						
宁 夏						
新 疆	2 217.5	4 565 984	2 059	2 059.6	4 078 000	1 980

各地区麻类播种面积和产量

地 区	2017年			2016年		
	播种面积（千公顷）	总产量（吨）	每公顷产 量（千克）	播种面积（千公顷）	总产量（吨）	每公顷产 量（千克）
全国总计	**58.45**	**217 950**	**3 729**	**54.17**	**181 288**	**3 346**
北 京						
天 津						
河 北	…	3	1 379	…	3	2 876
山 西	0.07	134	1 984	0.05	97	1 966
内蒙古	1.25	7 301	5 837	0.24	1 605	6 616
辽 宁	0.15	423	2 839	1.28	8 141	6 345
吉 林	0.06	114	1 938	0.02	37	2 000
黑龙江	19.29	117 879	6 110	12.11	68 343	5 642
上 海						
江 苏	0.28	794	2 836	0.30	821	2 737
浙 江	0.04	200	5 000	0.06	200	3 333
安 徽	0.88	3 055	3 469	0.89	3 055	3 424
福 建	0.01	26	2 969	0.01	27	2 998
江 西	3.67	5 765	1 573	3.78	6 270	1 661
山 东	0.04	81	2 028	0.15	420	2 758
河 南	3.29	22 449	6 825	4.11	27 093	6 600
湖 北	0.57	2 526	4 397	0.63	2 446	3 912
湖 南	1.60	4 162	2 595	1.84	4 675	2 535
广 东	0.08	206	2 580	0.08	200	2 558
广 西	1.92	5 748	2 988	2.07	5 904	2 857
海 南	…	2	3 000	0.08	540	6 363
重 庆	4.16	6 957	1 671	4.48	7 434	1 658
四 川	16.82	30 283	1 800	16.93	30 527	1 803
贵 州	0.60	1 159	1 926	0.68	1 222	1 808
云 南	0.20	210	1 044	0.45	464	1 025
西 藏						
陕 西	0.33	500	1 500	0.33	500	1 531
甘 肃	1.67	2 839	1 696	1.65	2 689	1 627
青 海						
宁 夏						
新 疆	1.45	5 135	3 534	1.95	8 576	4 399

各地区黄红麻播种面积和产量

地区	2017年			2016年		
	播种面积（千公顷）	总产量（吨）	每公顷产量（千克）	播种面积（千公顷）	总产量（吨）	每公顷产量（千克）
全国总计	**5.63**	**29 131**	**5 178**	**6.60**	**33 859**	**5 132**
北京						
天津						
河北						
山西						
内蒙古						
辽宁						
吉林						
黑龙江						
上海						
江苏						
浙江	0.03	200	7 500	0.05	200	4 286
安徽	0.27	1 044	3 894	0.28	1 044	3 772
福建	0.01	26	3 013	0.01	26	3 043
江西	0.03	157	4 758	0.10	588	5 709
山东						
河南	3.24	22 197	6 849	3.88	25 907	6 682
湖北	0.03	83	3 188	0.04	132	3 682
湖南	0.07	182	2 640	0.07	180	2 609
广东	0.08	179	2 242	0.08		
广西	1.65	4 654	2 829	1.78	4 812	2 703
海南	…	2	3 000	0.08	540	6 363
重庆	0.04	75	1 844	0.04	79	1 766
四川	0.17	314	1 869	0.17	320	1 850
贵州	0.02	20	1 000	0.02	30	1 500
云南						
西藏						
陕西						
甘肃						
青海						
宁夏						
新疆						

各地区糖料播种面积和产量

地　区	2017年			2016年		
	播种面积（千公顷）	总产量（吨）	每公顷产　量（千克）	播种面积（千公顷）	总产量（吨）	每公顷产　量（千克）
全国总计	**1 545.6**	**113 788 403**	**73 619**	**1 555.3**	**111 760 293**	**71 860**
北　京						
天　津						
河　北	12.2	624 863	51 238	12.1	604 438	49 784
山　西	0.1	6 433	50 892	0.5	32 374	61 431
内 蒙 古	82.7	3 443 413	41 627	67.3	2 683 616	39 875
辽　宁	2.0	106 986	52 664	1.8	93 526	51 135
吉　林	0.7	25 896	38 245	0.2	8 787	47 908
黑 龙 江	9.4	373 707	39 958	3.3	113 877	34 933
上　海	…	2 134	63 528	0.1	3 104	54 201
江　苏	0.8	48 606	59 618	0.8	49 229	60 383
浙　江	5.7	375 000	65 636	6.3	409 800	65 394
安　徽	2.9	112 110	38 324	2.9	112 148	38 650
福　建	4.9	263 695	53 388	5.3	288 254	54 533
江　西	14.6	672 816	45 967	14.7	667 099	45 322
山　东	…	119	44 715	…	120	45 000
河　南	2.3	162 369	70 346	2.4	166 680	68 866
湖　北	6.6	269 946	40 939	6.4	269 762	41 920
湖　南	7.3	332 318	45 792	6.7	312 811	46 391
广　东	169.2	13 434 745	79 421	165.5	12 938 697	78 157
广　西	876.1	71 323 456	81 409	891.1	69 914 476	78 455
海　南	21.2	1 330 974	62 697	27.0	1 711 809	63 307
重　庆	2.1	87 926	41 392	2.2	89 101	41 055
四　川	9.3	349 215	37 429	9.4	357 435	37 892
贵　州	8.7	503 055	57 960	12.7	716 179	56 268
云　南	239.9	15 161 486	63 199	247.3	15 237 729	61 608
西　藏						
陕　西	1.4	27 200	19 155	1.7	25 700	15 482
甘　肃	4.3	266 926	62 177	3.3	191 914	57 345
青　海	…	283	28 682	…	561	21 914
宁　夏						
新　疆	61.1	4 482 726	73 419	63.9	4 761 065	74 459

各地区甘蔗播种面积和产量

地　区	2017年			2016年		
	播种面积（千公顷）	总产量（吨）	每公顷产　量（千克）	播种面积（千公顷）	总产量（吨）	每公顷产　量（千克）
全国总计	**1 371.36**	**104 404 301**	**76 132**	**1 401.65**	**103 215 381**	**73 638**
北　京						
天　津						
河　北						
山　西						
内蒙古						
辽　宁						
吉　林						
黑龙江						
上　海	0.03	1 906	63 528	0.05	2 772	54 201
江　苏	0.80	48 456	60 548	0.80	49 079	61 327
浙　江	5.71	375 000	65 636	6.27	409 800	65 394
安　徽	1.90	62 085	32 757	1.89	61 766	32 665
福　建	4.94	263 695	53 388	5.29	288 254	54 533
江　西	14.64	672 816	45 967	14.72	667 099	45 322
山　东						
河　南	2.31	162 369	70 346	2.42	166 680	68 866
湖　北	6.57	269 813	41 047	6.42	269 714	42 043
湖　南	7.23	332 317	45 995	6.71	312 640	46 628
广　东	169.16	13 434 745	79 421	165.55	12 938 697	78 157
广　西	876.12	71 323 456	81 409	891.14	69 914 476	78 455
海　南	21.23	1 330 974	62 697	27.04	1 711 809	63 307
重　庆	2.12	87 926	41 392	2.17	89 085	41 055
四　川	9.05	347 401	38 387	9.15	355 602	38 881
贵　州	8.28	503 055	60 779	12.13	714 778	58 902
云　南	239.90	15 161 486	63 199	247.33	15 237 729	61 608
西　藏						
陕　西	1.38	26 800	19 420	1.59	25 400	16 008
甘　肃						
青　海						
宁　夏						
新　疆						

各地区甜菜播种面积和产量

地 区	2017年			2016年		
	播种面积（千公顷）	总产量（吨）	每公顷产 量（千克）	播种面积（千公顷）	总产量（吨）	每公顷产 量（千克）
全国总计	**174.29**	**9 384 068**	**53 843**	**153.60**	**8 544 938**	**55 630**
北 京						
天 津						
河 北	12.20	624 863	51 238	12.14	604 438	49 784
山 西	0.13	6 400	50 526	0.53	32 400	61 519
内 蒙 古	82.72	3 443 413	41 627	67.30	2 683 616	39 875
辽 宁	2.03	106 986	52 664	1.83	93 526	51 135
吉 林	0.68	25 896	38 245	0.18	8 787	47 908
黑 龙 江	9.35	373 707	39 958	3.26	113 877	34 933
上 海		228		0.01	332	54 201
江 苏	0.02	150		0.01	150	
浙 江						
安 徽	1.03	50 025	48 568	1.01	50 382	49 847
福 建						
江 西						
山 东	…	119	44 715	…	120	28 125
河 南						
湖 北	0.02	133	6 407	0.02	48	2 424
湖 南	0.03			0.04	171	4 508
广 东						
广 西						
海 南						
重 庆				…	17	41 055
四 川	0.28	1 814	6 479	0.29	1 833	6 387
贵 州	0.40			0.59	1 401	
云 南						
西 藏						
陕 西	0.04	400		0.07	300	
甘 肃	4.29	266 926	62 177	3.35	191 914	57 345
青 海	0.01	283	28 682	0.03	561	21 914
宁 夏						
新 疆	61.06	4 482 726	73 419	63.94	4 761 065	74 459

各地区烟叶播种面积和产量

地区	烟叶			其中：烤烟		
	播种面积（千公顷）	总产量（吨）	每公顷产量（千克）	播种面积（千公顷）	总产量（吨）	每公顷产量（千克）
全国总计	**1 130.60**	**2 391 422**	**2 115**	**1 080.93**	**2 278 745**	**2 108**
北京		1		…	1	2 100
天津						
河北	1.35	2 231	1 656	1.33	2 189	1 640
山西	1.50	5 217	3 486	1.50	5 216	3 486
内蒙古	1.65	6 154	3 739	1.28	5 310	4 156
辽宁	8.00	26 255	3 280	7.38	24 853	3 367
吉林	6.24	17 888	2 869	2.97	7 826	2 632
黑龙江	14.98	46 543	3 108	14.63	45 763	3 127
上海						
江苏						
浙江	0.61	1 400	2 283			
安徽	8.28	20 924	2 527	8.16	20 505	2 514
福建	52.74	116 437	2 208	52.62	116 195	2 208
江西	25.69	55 731	2 170	25.07	54 131	2 159
山东	21.39	56 953	2 663	21.38	56 953	2 663
河南	103.95	266 960	2 568	102.79	263 731	2 566
湖北	39.69	68 413	1 724	36.62	61 844	1 689
湖南	94.84	208 201	2 195	93.09	204 582	2 198
广东	17.41	42 616	2 448	15.61	37 377	2 395
广西	11.80	25 099	2 127	9.91	21 041	2 122
海南	0.14	114	815	0.14	114	815
重庆	34.90	69 053	1 978	30.66	58 942	1 923
四川	86.34	180 489	2 090	81.30	165 576	2 037
贵州	155.70	267 959	1 721	143.24	244 523	1 707
云南	424.62	862 335	2 031	412.52	838 531	2 033
西藏						
陕西	17.09	38 700	2 265	17.09	38 200	2 235
甘肃	1.50	4 829	3 225	1.43	4 422	3 083
青海						
宁夏	0.21	920	4 459	0.21	920	4 459
新疆						

各地区蔬菜、瓜果类播种面积和产量

地　　区	蔬菜			瓜果		
	播种面积（千公顷）	总产量（吨）	每公顷产　量（千克）	播种面积（千公顷）	总产量（吨）	每公顷产　量（千克）
全国总计	**19 981.1**	**691 926 811**	**34 629**	**2 112.9**	**82 925 338**	**39 248**
北　　京	40.3	1 568 184	38 898	3.9	171 690	43 913
天　　津	49.3	2 696 123	54 711	4.3	202 624	46 691
河　　北	748.6	50 585 300	67 575	70.7	3 954 019	55 894
山　　西	169.9	8 067 433	47 496	14.5	465 145	32 018
内 蒙 古	218.7	11 113 486	50 812	66.7	2 675 113	40 097
辽　　宁	308.6	17 978 426	58 252	44.0	2 117 806	48 148
吉　　林	82.8	3 566 357	43 051	22.1	723 212	32 711
黑 龙 江	205.3	7 985 902	38 891	55.2	1 858 343	33 689
上　　海	92.9	2 935 033	31 601	6.8	218 214	31 987
江　　苏	1 407.6	55 404 835	39 360	162.1	6 327 158	39 040
浙　　江	644.1	19 104 500	29 661	102.1	2 933 000	28 717
安　　徽	628.2	20 196 378	32 151	74.9	2 897 378	38 702
福　　建	533.4	14 153 063	26 532	17.7	435 310	24 545
江　　西	619.3	14 900 702	24 061	80.9	2 148 873	26 554
山　　东	1 462.0	81 337 705	55 633	215.0	11 567 237	53 813
河　　南	1 736.1	75 302 172	43 373	318.2	16 704 565	52 491
湖　　北	1 188.6	38 263 995	32 192	92.4	3 271 959	35 403
湖　　南	1 271.1	36 716 224	28 885	128.5	3 699 652	28 796
广　　东	1 227.2	31 774 886	25 892	41.2	1 174 974	28 487
广　　西	1 399.7	32 826 294	23 452	117.9	3 233 240	27 420
海　　南	252.9	5 530 511	21 870	31.9	1 016 704	31 913
重　　庆	727.2	18 626 281	25 615	24.7	558 000	22 622
四　　川	1 324.3	42 522 660	32 110	47.7	1 246 513	26 156
贵　　州	1 253.1	22 721 596	18 132	29.9	691 511	23 135
云　　南	1 084.8	20 777 644	19 153	24.3	585 094	24 076
西　　藏	23.3	727 320	31 216	0.1	1 557	11 232
陕　　西	480.6	17 339 900	36 076	71.5	2 612 700	36 555
甘　　肃	337.0	12 123 100	35 969	51.2	2 337 033	45 633
青　　海	43.1	1 480 797	34 348	1.6	25 253	15 562
宁　　夏	118.6	5 399 391	45 538	59.1	1 424 729	24 105
新　　疆	302.2	18 200 612	60 228	131.7	5 646 734	42 890

各地区药材、青饲料播种面积

单位：千公顷

地区	药材		青饲料	
	2017 年	2016 年	2017 年	2016 年
全国总计	**2 161.1**	**1 932.4**	**1 874.1**	**1 813.5**
北京	2.2	2.5	2.5	2.5
天津	3.4	3.5	1.6	2.5
河北	74.9	66.7	115.0	98.1
山西	67.5	45.0	22.0	19.4
内蒙古	118.8	89.7	352.6	325.6
辽宁	24.3	20.3	25.9	26.7
吉林	14.3	13.2	1.3	0.9
黑龙江	32.9	28.7	43.3	71.2
上海	0.5	0.6	2.7	3.0
江苏	13.7	14.8	30.0	28.1
浙江	48.6	43.0	4.8	5.0
安徽	71.0	68.7	4.6	4.6
福建	19.1	17.7	3.2	3.2
江西	35.5	24.2	71.7	76.7
山东	30.5	27.3	3.7	2.2
河南	112.2	99.8	6.3	3.4
湖北	155.4	139.5	66.0	64.7
湖南	73.7	68.4	142.2	148.4
广东	34.9	28.5	46.8	47.3
广西	74.1	70.9	40.3	38.1
海南	12.7	10.2	0.6	0.4
重庆	109.4	108.3	56.1	52.9
四川	108.2	93.9	149.8	149.2
贵州	185.3	163.6	154.8	141.6
云南	172.6	152.3	177.8	168.7
西藏			24.8	28.6
陕西	174.4	160.6	4.1	3.4
甘肃	226.5	218.5	58.4	64.2
青海	37.9	34.8	32.0	40.6
宁夏	52.7	48.7	88.9	82.2
新疆	74.0	68.2	140.3	110.1

全国茶叶、水果面积和产量增减情况

地　区	2017年	2016年	2017年比2016年增减	
			绝对量	%
年末实有茶园面积（千公顷）	**2 848.7**	**2 722.8**	**125.9**	**4.6**
茶叶总产量（吨）	**2 460 408.7**	**2 313 273.8**	**147 135.0**	**6.4**
绿茶	1 638 155.3	1 552 498.8	85 656.5	5.5
青茶	266 711.1	254 608.6	12 102.5	4.8
红茶	225 500.7	206 505.3	18 995.4	9.2
黑茶	162 867.0	143 681.6	19 185.3	13.4
黄茶	516.4	685.9	−169.5	−24.7
白茶	24 596.0	19 479.7	5 116.3	26.3
其他茶	141 932.7	135 739.4	6 193.3	4.6
年末果园面积（千公顷）	**11 135.9**	**10 902.8**	**233.1**	**2.1**
香蕉园	351.0	350.1	0.9	0.3
苹果园	1 946.9	1 945.5	1.4	0.1
柑橘园	2 435.7	2 324.0	111.8	4.8
梨园	921.0	929.1	−8.1	−0.9
葡萄园	703.3	712.6	−9.2	−1.3
园林水果总产量（吨）	**169 493 621.8**	**162 029 100.1**	**7 464 521.7**	**4.6**
香蕉	11 169 813.1	10 940 255.1	229 558.1	2.1
苹果	41 390 038.1	40 393 254.5	996 783.5	2.5
柑橘	38 167 784.1	35 915 239.1	2 252 544.9	6.3
梨	16 409 704.0	15 963 038.1	446 665.9	2.8
葡萄	13 082 859.8	12 629 359.0	453 500.8	3.6
菠萝	1 494 794.9	1 399 487.6	95 307.3	6.8
红枣	7 212 569.0	6 850 755.3	361 813.8	5.3
柿子	3 029 004.5	2 967 273.8	61 730.7	2.1

各地区茶叶产量增减情况

单位：吨

地　区	2017 年	2016 年	2017 年比 2016 年增减	
			绝对量	%
全国总计	**2 460 408.7**	**2 313 273.8**	**147 135.0**	**6.4**
北　京				
天　津				
河　北	6.0	6.0		
山　西	62.3	47.1	15.2	32.3
内蒙古				
辽　宁				
吉　林				
黑龙江				
上　海				
江　苏	13 942.8	13 951.0	-8.2	-0.1
浙　江	178 300.0	172 200.0	6 100.0	3.5
安　徽	107 786.6	104 976.4	2 810.2	2.7
福　建	394 940.6	372 944.9	21 995.7	5.9
江　西	61 399.0	57 528.0	3 871.0	6.7
山　东	19 500.8	18 950.0	550.8	2.9
河　南	63 954.0	68 583.1	-4 629.0	-6.7
湖　北	303 254.1	286 974.2	16 280.0	5.7
湖　南	197 132.5	181 587.4	15 545.1	8.6
广　东	92 889.0	89 219.8	3 669.2	4.1
广　西	71 919.0	66 795.4	5 123.6	7.7
海　南	1 024.5	974.9	49.6	5.1
重　庆	38 751.7	36 636.2	2 115.5	5.8
四　川	277 777.0	265 079.0	12 698.0	4.8
贵　州	176 498.0	141 285.0	35 213.0	24.9
云　南	393 499.0	373 124.4	20 374.6	5.5
西　藏		80.1		
陕　西	66 571.7	61 131.0	5 440.7	8.9
甘　肃	1 200.0	1 200.0		
青　海				
宁　夏				
新　疆				

各地区各类茶叶产量

单位：吨

地　区	绿茶	青茶	红茶	黑茶	黄茶	白茶	其他茶
全国总计	**1 638 155**	**266 711**	**225 501**	**162 867**	**516**	**24 596**	**141 933**
北　京							
天　津							
河　北	6						
山　西							62
内蒙古							
辽　宁							
吉　林							
黑龙江							
上　海							
江　苏	10 760	93	3 011	75		3	
浙　江	172 100		1 400	3 200			1 600
安　徽	99 769	28	5 772			471	1 539
福　建	117 537	209 387	47 398			19 135	1 483
江　西	49 319	803	7 162	40	33	1 049	2 993
山　东	19 501						
河　南	58 229		5 637				
湖　北	211 203	1 136	34 243	48 431	247	1 477	6 518
湖　南	88 483	2 449	21 198	78 795	63	191	5 954
广　东	37 607	41 050	6 396	10			7 826
广　西	48 581	356	16 021	2 331		2	4 784
海　南	473		319				233
重　庆	33 623	57	3 687			17	1 369
四　川	232 536	5 198	5 352	17 975	86	360	16 270
贵　州	141 306	914	12 634	10 130	87	1 888	9 539
云　南	255 281	5 240	51 212			3	81 763
西　藏							
陕　西	60 641		4 060	1 880			
甘　肃	1 200						
青　海							
宁　夏							
新　疆							

各地区园林水果产量

单位：吨

地　　区	园林水果总产量（万吨）	苹果	梨	柑橘	菠萝	葡萄	红枣	柿子
全国总计	**16 949.4**	**41 390 038**	**16 409 704**	**38 167 784**	**1 494 795**	**13 082 860**	**7 212 569**	**3 029 004**
北　　京	57.2	70 529	90 677			26 509	9 299	27 612
天　　津	38.0	56 266	64 067			114 112	55 251	10 502
河　　北	969.9	2 281 498	3 424 349			1 115 727	772 949	318 444
山　　西	797.5	4 449 441	866 535			304 528	725 311	102 862
内 蒙 古	55.4	154 936	78 866			74 569	1 107	
辽　　宁	558.5	2 409 450	1 161 854		705 477	122 681		
吉　　林	17.2	45 642	38 748			63 273		
黑 龙 江	51.1	144 496	36 587			72 848		
上　　海	24.6	15	31 793	93 773		63 642	269	467
江　　苏	309.8	580 002	779 779	31 713		649 038	6 693	108 886
浙　　江	458.0		388 600	1 867 900		808 000		56 700
安　　徽	316.6	199 867	1 242 368	8 063		425 348	15 086	122 563
福　　建	601.1	12	166 632	3 153 927	14 472	196 137		97 694
江　　西	455.2		167 795	4 042 623		80 135		14 084
山　　东	1 647.6	9 395 202	1 037 279			1 098 698	831 929	115 296
河　　南	932.0	4 345 272	1 218 395	49 086		702 948	299 054	508 652
湖　　北	621.2	12 357	374 865	4 658 958		241 813	31 012	46 882
湖　　南	586.4		166 466	5 009 023		176 231	31 949	22 048
广　　东	1 421.2		104 015	4 102 811	945 317			123 644
广　　西	1 577.1		358 607	6 820 611	35 470	549 530	29 149	897 306
海　　南	303.8			66 267	409 891			
重　　庆	347.6	4 202	267 750	2 505 840		102 464	9 124	14 575
四　　川	883.2	652 206	917 214	4 156 786		379 184	18 965	60 620
贵　　州	211.0	70 673	280 362	253 871		202 705	2 908	15 566
云　　南	725.4	596 959	635 555	888 481	89 645	1 264 970	30 633	96 821
西　　藏								
陕　　西	1 660.8	10 924 554	1 052 072	457 489		785 573	924 650	231 083
甘　　肃	397.2	3 111 300	210 400	562		249 300	79 300	36 700
青　　海	1.1	3 600	300			100		
宁　　夏	68.1	439 849	16 889			137 331	56 246	
新　　疆	855.5	1 441 708	1 230 884			2 492 669	3 159 003	

各地区茶园、果园面积

单位：千公顷

地区	年末实有茶园面积	本年采摘	年末果园面积	苹果	梨	柑橘	香蕉园	葡萄园
全国总计	**2 848.72**	**2 191.07**	**11 135.92**	**1 946.95**	**920.98**	**2 435.73**	**351.03**	**703.33**
北京			47.71	6.61	6.70			2.70
天津			31.46	4.01	5.10			4.81
河北	0.04	0.04	560.03	122.21	121.99			42.71
山西	0.15	0.15	359.53	152.06	39.67			12.37
内蒙古			59.78	17.76	6.12			7.64
辽宁			350.69	140.01	93.27			31.68
吉林			18.61	4.75	4.37			4.93
黑龙江			27.20	8.65	2.66			3.99
上海								
江苏	33.71	30.46	209.15	31.33	38.41	2.33		35.91
浙江	198.53	180.32	325.71		22.17	91.45		32.46
安徽	165.44	145.03	138.02	7.15	40.73	1.03		20.14
福建	207.11	193.43	310.45		13.67	124.08	10.36	8.84
江西	104.37	73.34	396.92		24.48	323.13		8.04
山东	20.67	16.17	579.41	265.36	34.35			37.77
河南	115.76	97.56	442.67	147.39	55.49	11.74		36.94
湖北	283.31	202.90	345.82	1.33	22.91	217.77		14.19
湖南	155.82	114.09	500.74	0.01	33.62	369.40		25.91
广东	58.42	46.73	960.52		8.28	223.57	107.03	
广西	74.69	60.85	1 174.42		21.88	441.31	120.22	33.88
海南	2.07	1.29	165.32			7.16	34.39	
重庆	39.94	29.98	290.30	0.64	22.88	200.38	0.45	8.80
四川	356.28	252.38	693.71	36.59	67.91	284.26	2.00	31.83
贵州	456.22	281.30	406.35	14.03	41.85	39.23	3.14	23.86
云南	437.86	371.85	570.01	70.69	64.38	75.64	73.45	55.52
西藏								
陕西	126.57	87.05	1 086.88	586.17	46.21	23.23		44.74
甘肃	11.75	6.15	303.33	230.28	17.69	0.03		17.24
青海			6.24	0.54	0.30			0.10
宁夏			79.59	28.26	1.08			22.64
新疆			695.36	71.09	62.79			133.68

全国花卉产销情况

类　型	销售量		种植面积（公顷）	销售额（万元）	出口额（万美元）
	单　位	数　量			
合计			**1 392 293.0**	**15 332 951.3**	**60 007.4**
鲜切花类	万枝	2 417 195.7	69 753.3	1 947 966.8	27 436.4
鲜切花	万枝	2 205 868.6	54 966.3	1 770 313.5	23 805.8
鲜切叶	万枝	116 001.8	8 069.2	75 665.2	2 993.5
鲜切枝	万枝	95 325.3	6 717.8	101 988.1	637.1
盆栽植物类	万盆	1 206 273.7	118 805.4	3 814 035.6	12 792.7
盆栽植物	万盆	463 804.5	63 863.6	2 478 312.0	8 171.1
盆景	万盆	208 567.4	19 365.3	677 693.9	4 609.3
花坛植物	万盆	533 901.9	35 576.5	658 029.7	12.3
观赏苗木	万株	1 392 234.6	800 559.9	6 531 845.1	4 360.0
食用与药用花卉	千克	276 296 207.0	270 516.7	1 930 789.6	623.7
工业及其他用途花卉	吨	240 409 473.9	65 246.3	307 597.6	5 005.5
草坪	万平方米	287 474.2	49 709.4	428 890.9	4.2
种子用花卉	千克	727 482.4	5 631.2	52 804.4	250.0
种苗用花卉	万株	398 273.3	8 822.3	257 842.8	9 178.7
种球用花卉	万粒	63 241.8	2 639.0	50 205.1	
干燥花			609.5	10 973.5	347.9

注：食用与药用花卉计算干重；工业及其他用途花卉计算鲜重。

全国花卉保护地栽培情况

单位：万平方米

项　目	合　计	温　室	节能日光温室	大（中、小）棚	遮阴棚
面积	120 318.1	25 754.5	10 656.1	48 663.3	45 900.4

全国花卉经营实体

项　　目	单　位	2017 年	2016 年	2017 年比 2016 年增减	
				绝对数	%
花卉市场	个	2 980	3 029	-49	-1.62
花卉企业	个	80 868	79 512	1 356	1.71
大中型企业	个	13 592	14 108	- 516	-3.66
花农	户	1 502 411	1 639 133	-136 722	-8.34
从业人员	人	4 855 285	5 053 523	-198 238	-3.92
专业技术人员	人	321 034	247 616	73 418	29.65

注：花卉大中型企业是指种植面积在 3 公顷以上或年营业额在 500 万元以上的企业。

全国主要花卉产销情况

品　　种	种植面积（公顷）	销售量	销售额（万元）
主要鲜切花（万枝）	**50 709.0**	**2 037 708.2**	**1 581 574.3**
现代月季	17 790.4	898 022.1	621 008.8
香石竹	3 788.0	333 056.4	182 806.6
百　合	7 321.8	122 240.0	385 147.2
唐菖蒲	2 958.5	28 700.1	25 870.6
菊　花	7 213.2	290 426.2	164 527.2
非洲菊	4 756.7	288 427.4	110 223.7
主要盆栽植物（万盆）	**60 577.2**	**619 112.0**	**2 752 734.5**
凤梨类	4 607.8	19 149.8	192 025.7
兰花类	11 664.1	91 611.4	902 379.4
花烛属类	3 271.0	20 572.0	122 730.5
观叶芋类	6 218.8	64 138.0	141 608.1
杜鹃花类	2 204.6	23 435.9	119 492.9
中国兰花	1 706.0	29 199.3	230 276.7
蝴蝶兰类	571.1	2 779.2	44 987.9
主要盆景（万盆）	**3 458.8**	**12 857.9**	**91 670.7**
球根花卉（万盆）	**670.7**	**5 806.6**	**7 747.4**

三、畜牧业

全国主要畜产品生产情况

指　　标	单　位	2017年	2016年	2017年比2016年增减	
				绝对数	%
大牲畜年末存栏数	**万头**	**9 763.6**	**9 559.9**	**203.7**	**2.13**
牛	万头	9 038.7	8 834.5	204.3	2.31
马	万头	343.6	351.2	-7.5	-2.15
驴	万头	267.8	259.3	8.5	3.29
骡	万头	81.1	84.5	-3.4	-4.04
骆驼	万头	32.3	30.5	1.9	6.09
猪年末存栏	**万头**	**44 158.9**	**44 209.2**	**-50.3**	**-0.11**
能繁母猪	万头	4 471.5	4 521.7	-50.2	-1.11
羊年末存栏	**万只**	**30 231.7**	**29 930.5**	**301.1**	**1.01**
山羊	万只	13 823.8	13 691.8	132.0	0.96
绵羊	万只	16 407.9	16 238.8	169.1	1.04
家禽年末存栏	**万只**	**605 302.2**	**617 319.8**	**-12 017.6**	**-1.95**
兔年末存栏	**万只**	**12 114.0**	**13 225.7**	**-1 111.7**	**-8.41**
猪出栏	**万头**	**70 202.1**	**70 073.9**	**128.2**	**0.18**
牛出栏	**万头**	**4 340.3**	**4 265.0**	**75.3**	**1.77**
羊出栏	**万只**	**30 797.7**	**30 005.3**	**792.4**	**2.64**
家禽出栏	**万只**	**1 302 190.6**	**1 319 534.2**	**-17 343.6**	**-1.31**
兔出栏	**万只**	**31 955.3**	**35 056.7**	**-3 101.4**	**-8.85**
肉类总产量	**万吨**	**8 654.4**	**8 628.3**	**26.1**	**0.30**
猪肉	万吨	5 451.8	5 425.5	26.3	0.48
牛肉	万吨	634.6	616.9	17.7	2.87
羊肉	万吨	471.1	460.3	10.8	2.35
奶类产量	**万吨**	**3 148.6**	**3 173.9**	**-25.4**	**-0.80**
#牛奶	万吨	3 038.6	3 064.0	-25.4	-0.83
绵羊毛产量	**吨**	**410 522.5**	**411 642.4**	**-1 119.9**	**-0.27**
#细羊毛	吨	127 920.7	129 164.2	-1 243.5	-0.96
半细羊毛	吨	133 458.5	137 972.7	-4 514.3	-3.27
山羊毛产量	**吨**	**50 715.0**	**54 629.5**	**-3 914.5**	**-7.17**
禽蛋产量	**万吨**	**3 096.3**	**3 160.5**	**-64.2**	**-2.03**
蜂蜜产量	**万吨**	**54.3**	**55.5**	**-1.3**	**-2.29**

各地区主要畜禽出栏量

地 区	猪（万头）	牛（万头）	羊（万只）	家禽（万只）	兔（万只）
全国总计	**70 202.1**	**4 340.3**	**30 797.7**	**1 302 190.6**	**31 955.3**
北 京	242.1	8.4	64.5	3 115.2	10.1
天 津	297.2	19.5	55.2	6 137.6	6.9
河 北	3 785.3	340.5	2 168.9	60 637.8	346.1
山 西	822.8	40.1	590.5	12 330.3	152.5
内蒙古	919.0	363.2	6 257.9	10 271.1	331.4
辽 宁	2 627.2	159.9	620.8	75 891.8	25.0
吉 林	1 691.7	233.6	406.7	42 818.4	387.7
黑龙江	2 090.5	281.5	780.4	25 464.7	34.2
上 海	189.7	1.0	22.4	1 272.7	5.0
江 苏	2 805.5	16.4	707.7	66 150.9	2 265.9
浙 江	1 022.4	8.8	142.0	17 319.9	286.0
安 徽	2 828.9	53.1	1 170.3	87 351.9	161.2
福 建	1 606.1	16.0	138.3	91 460.6	850.0
江 西	3 180.5	115.9	123.5	43 888.2	321.8
山 东	5 180.7	361.6	2 629.8	220 172.5	3 402.0
河 南	6 220.0	233.0	2 145.0	90 681.6	2 083.7
湖 北	4 448.0	107.9	604.4	51 946.2	175.6
湖 南	6 116.3	147.0	901.8	42 263.8	564.9
广 东	3 712.0	33.3	110.4	108 703.3	333.9
广 西	3 355.1	117.0	209.7	86 486.3	578.3
海 南	547.8	19.2	84.3	15 564.9	6.7
重 庆	1 751.1	55.7	448.9	21 315.9	2 706.1
四 川	6 579.1	267.3	1 780.4	65 259.8	16 373.7
贵 州	1 825.2	151.0	286.1	11 045.0	306.5
云 南	3 795.1	307.8	1 024.1	24 017.8	20.4
西 藏	19.1	163.3	397.2	203.4	
陕 西	1 141.0	57.6	620.4	5 377.6	115.5
甘 肃	682.7	198.3	1 414.7	3 704.3	54.7
青 海	110.6	132.2	726.1	520.4	6.9
宁 夏	113.7	71.0	560.0	1 796.0	22.0
新 疆	495.8	259.3	3 605.6	9 020.7	20.5

各地区主要牲畜年末存栏情况（一）

地　　区	大牲畜（万头）	牛（万头）	肉　牛	奶　牛	马（万匹）	驴（万头）	骡（万头）
全国总计	**9 763.6**	**9 038.7**	**6 617.9**	**1 079.8**	**343.6**	**267.8**	**81.1**
北　京	13.3	12.8	4.4	8.4	0.2	0.2	…
天　津	26.7	25.8	13.8	11.9	0.1	0.7	…
河　北	387.9	359.5	196.4	124.6	5.9	17.3	5.1
山　西	116.8	100.7	49.7	32.9	1.0	11.0	4.1
内蒙古	824.4	656.2	526.5	123.4	64.4	75.5	11.5
辽　宁	290.8	227.8	193.9	27.5	6.9	49.9	6.2
吉　林	342.1	337.6	322.0	14.0	2.4	1.9	0.2
黑龙江	509.3	489.3	363.1	124.1	15.5	3.3	1.1
上　海	6.5	6.5		6.5	…		
江　苏	32.9	30.5	16.6	13.9	0.2	1.7	0.5
浙　江	14.9	14.9	10.9	3.3			
安　徽	80.9	80.6	58.9	12.9	0.1	0.2	…
福　建	32.6	32.6	9.8	3.9	…		
江　西	241.4	241.4	210.2	3.2			
山　东	413.8	401.5	274.6	93.1	0.7	11.1	0.4
河　南	376.1	372.7	230.5	33.7	1.0	2.2	0.3
湖　北	238.5	238.0	120.3	4.5	0.3	0.1	…
湖　南	381.0	379.4	296.0	5.7	1.4	0.1	0.1
广　东	120.7	120.7	79.9	6.0	…		
广　西	352.4	326.6	96.6	5.0	22.0	0.1	3.7
海　南	52.8	52.8	42.7	0.1			
重　庆	110.9	108.5	80.4	1.5	1.6	0.2	0.6
四　川	947.2	853.2	494.8	79.0	75.5	9.3	9.3
贵　州	504.0	492.4	373.5	5.9	11.2	0.1	0.3
云　南	855.4	810.9	747.7	16.1	13.3	12.0	19.2
西　藏	628.3	592.6	470.0	38.0	28.2	6.1	1.4
陕　西	154.5	151.2	121.7	28.4	0.2	2.7	0.4
甘　肃	491.2	424.3	394.1	29.8	11.9	36.5	15.8
青　海	559.3	546.6	521.9	24.7	11.1	0.5	0.2
宁　夏	123.1	118.3	77.5	40.8	0.1	4.2	0.4
新　疆	534.3	433.0	219.6	157.1	68.6	20.8	0.1

各地区主要牲畜年末存栏情况（二）

地　　区	骆驼（万峰）	猪（万头）	能繁母猪（万头）	羊（万只）			家禽（万只）
					山　羊	绵　羊	
全国总计	**32.3**	**44 158.9**	**4 471.5**	**30 231.7**	**13 823.8**	**16 407.9**	**605 302.2**
北　　京		112.2	13.2	35.2	8.4	26.8	1 382.4
天　　津		180.0	21.5	43.5	5.3	38.1	2 294.5
河　　北		1 957.8	187.0	1 228.1	401.4	826.7	39 653.2
山　　西		544.1	55.7	943.2	382.1	561.1	10 502.8
内 蒙 古	16.9	505.6	59.8	6 111.9	1 694.2	4 417.8	4 416.3
辽　　宁		1 308.0	175.4	792.6	418.8	373.8	41 490.7
吉　　林		911.1	102.9	399.9	52.0	347.9	15 846.0
黑 龙 江		1 433.9	139.9	835.2	175.9	659.3	16 901.0
上　　海		111.2	9.0	19.6	18.5	1.1	632.3
江　　苏		1 640.3	133.2	398.5	389.3	9.3	29 550.3
浙　　江		542.6	47.6	133.8	48.4	85.4	7 820.0
安　　徽		1 417.2	120.5	505.1	504.3	0.8	23 018.5
福　　建		921.8	89.4	89.0	89.0		18 559.3
江　　西		1 621.3	148.6	95.3	95.3		17 978.0
山　　东		3 040.3	327.2	1 754.0	924.4	829.7	76 364.6
河　　南		4 390.0	440.5	1 682.0	1 412.9	269.1	65 019.5
湖　　北		2 578.5	254.8	543.5	543.5		34 160.3
湖　　南		3 968.1	396.0	661.7	661.7		33 012.8
广　　东		2 132.8	229.4	93.3	93.3		37 692.1
广　　西		2 293.7	261.6	222.4	222.4		32 712.1
海　　南		399.6	53.3	68.4	68.3	0.1	5 617.2
重　　庆		1 191.6	117.0	327.0	326.7	0.2	11 554.8
四　　川		4 376.6	430.0	1 599.3	1 425.9	173.3	36 619.2
贵　　州		1 596.9	141.0	383.5	362.5	21.0	9 178.2
云　　南		3 029.2	300.1	1 240.2	1 149.4	90.8	14 039.8
西　　藏		42.3	15.8	1 105.3	387.6	717.6	113.9
陕　　西		854.4	82.2	868.5	712.0	156.5	7 315.6
甘　　肃	2.7	551.3	62.5	1 839.9	398.3	1 441.6	4 122.0
青　　海	0.9	82.7	9.0	1 387.4	180.0	1 207.4	317.5
宁　　夏		81.0	9.4	506.6	99.8	406.8	1 150.7
新　　疆	11.7	342.7	37.9	4 317.9	572.1	3 745.8	6 266.7

各地区牧业主要产品产量（一）

单位：万吨

地　区	肉类总产量	猪　肉	牛　肉	羊　肉	禽　肉	奶　类	#牛　奶
全国总计	**8 654.4**	**5 451.8**	**634.6**	**471.1**	**1 981.7**	**3 148.6**	**3 038.6**
北　京	26.4	19.2	1.5	1.1	4.5	37.4	37.4
天　津	36.1	22.6	3.4	1.4	8.7	52.1	52.1
河　北	474.2	291.5	55.6	30.1	90.3	388.3	381.0
山　西	93.3	62.7	5.9	8.6	15.3	78.1	77.4
内蒙古	265.2	73.5	59.5	104.1	20.1	559.6	552.9
辽　宁	385.4	220.9	25.1	7.0	129.9	120.7	119.7
吉　林	256.1	136.1	38.0	4.9	75.2	34.4	34.0
黑龙江	260.3	159.3	43.9	12.9	42.8	468.4	465.2
上　海	17.6	14.6	0.1	0.3	1.9	36.4	36.4
江　苏	342.3	214.3	2.9	8.0	110.2	49.0	49.0
浙　江	114.7	83.3	1.3	2.4	27.0	14.3	14.3
安　徽	415.2	242.7	8.1	16.5	146.4	29.8	29.8
福　建	264.9	128.4	1.7	1.9	130.8	13.5	13.1
江　西	326.1	249.5	12.0	2.0	60.8	9.5	9.5
山　东	866.0	427.4	75.9	36.0	320.6	231.3	223.5
河　南	655.8	466.9	35.0	26.1	119.0	212.9	202.9
湖　北	435.3	339.3	15.8	9.7	69.6	12.8	12.8
湖　南	543.3	449.6	17.0	14.9	59.2	6.1	6.1
广　东	444.1	278.0	4.1	2.0	151.7	13.9	13.9
广　西	420.2	255.0	11.7	3.3	142.0	8.1	8.1
海　南	78.7	44.4	1.8	1.1	27.2	0.5	0.5
重　庆	180.6	130.0	7.3	6.8	32.2	5.1	5.1
四　川	653.8	472.2	33.3	27.2	99.0	63.8	63.7
贵　州	206.5	160.1	19.1	4.8	18.8	4.4	4.4
云　南	419.2	320.2	35.8	18.1	43.8	64.5	56.8
西　藏	32.1	1.1	22.5	6.4	0.5	42.0	37.1
陕　西	113.4	85.8	8.3	9.8	8.6	156.9	107.3
甘　肃	99.1	49.9	21.0	22.8	4.6	41.0	40.4
青　海	35.3	8.7	12.9	12.7	0.9	33.2	32.4
宁　夏	33.5	8.9	10.9	9.9	3.4	160.1	160.1
新　疆	159.9	35.8	43.0	58.2	16.6	200.3	191.9

各地区牧业主要产品产量（二）

地　　区	禽蛋（万吨）	蜂蜜（吨）	山羊毛（吨）	绵羊毛（吨）	山羊绒（吨）
全国总计	**3 096.3**	**542 543.6**	**32 862.7**	**410 522.5**	**17 852.3**
北　京	15.7	1 924.7	29.8	54.4	22.3
天　津	19.0	38.5	4.9	1 169.2	
河　北	383.7	14 174.5	2 629.0	23 157.9	830.6
山　西	101.9	5 766.9	1 537.1	8 072.0	1 226.7
内蒙古	53.2	4 563.3	8 775.0	126 681.8	8 026.4
辽　宁	270.4	2 957.9	1 325.3	9 036.5	1 049.4
吉　林	121.0	10 784.0	675.3	16 346.5	135.5
黑龙江	113.8	19 236.0	1 534.0	29 741.0	269.0
上　海	3.4	992.2	107.0	7.0	
江　苏	183.4	3 479.1	7.9	289.1	
浙　江	35.9	163 520.0	414.8	1 768.9	
安　徽	154.7	17 789.0	56.0	231.0	10.0
福　建	46.5	14 546.0			
江　西	45.7	14 850.0			
山　东	444.8	4 570.5	2 740.3	6 974.3	617.6
河　南	401.2	71 486.9	2 869.0	5 764.9	580.5
湖　北	168.2	27 750.0	9.3	7.9	
湖　南	103.2	9 890.8	2.2		0.8
广　东	38.5	22 551.1	6.0		
广　西	24.2	15 044.4			
海　南	4.8	1 301.6			
重　庆	40.3	22 984.0		4.0	
四　川	144.5	57 667.7	524.0	5 840.1	141.7
贵　州	18.7	3 566.0	84.0	597.0	10.0
云　南	30.3	11 204.0	110.0	1 607.0	4.0
西　藏	0.5	…	1 029.6	7 857.0	834.2
陕　西	60.1	5 647.2	1 744.0	3 107.6	1 492.5
甘　肃	13.8	2 201.7	1 898.3	27 529.6	455.5
青　海	2.5	1 529.0	844.0	17 834.0	411.0
宁　夏	15.3	1 101.0	835.0	10 898.0	609.0
新　疆	37.4	9 425.6	3 070.8	105 945.7	1 125.5

四、生猪屠宰行业

各地区规模以上生猪定点屠宰企业基本情况

地　　区	企业数（家）	屠宰量（万头）
全国合计	**3 291**	**22 183.94**
北　京	9	705.06
天　津	30	143.51
河　北	165	992.21
山　西	92	136.94
内蒙古	112	104.24
辽　宁	79	479.17
吉　林	54	380.82
黑龙江	184	654.64
上　海	6	303.48
江　苏	113	1 734.53
浙　江	138	1 586.74
安　徽	109	477.56
福　建	108	521.01
江　西	132	622.96
山　东	211	2 630.30
河　南	215	1 600.44
湖　北	106	481.89
湖　南	126	995.21
广　东	357	3 611.97
广　西	169	795.77
海　南	40	134.74
重　庆	75	140.37
四　川	265	1 283.91
贵　州	93	368.93
云　南	147	477.43
西　藏	4	10.66
陕　西	86	409.49
甘　肃	33	172.88
青　海	5	15.39
宁　夏	12	51.19
新　疆	6	85.69
新疆兵团	10	74.81

注：规模以上生猪屠宰企业指年实际屠宰量在 2 万头以上的屠宰企业。

全国规模以上生猪定点屠宰企业生猪及白条肉价格基本情况（一）

周　数	日　期	生猪收购价格（元/千克）	环比涨跌（%）	白条肉出厂价格（元/千克）	环比涨跌（%）
第 1 周	2016 年 12 月 26 日~2017 年 1 月 1 日	17.89	0.96	23.22	1.22
第 2 周	1 月 2 日~1 月 8 日	18.33	2.46	23.63	1.77
第 3 周	1 月 9 日~1 月 15 日	18.40	0.38	23.82	0.80
第 4 周	1 月 16 日~1 月 22 日	18.45	0.27	23.84	0.08
第 5 周	1 月 23 日~1 月 29 日	18.46	0.05	24.02	0.76
第 6 周	1 月 30 日~2 月 5 日	18.32	−0.76	23.80	−0.92
第 7 周	2 月 6 日~2 月 12 日	17.94	−2.07	23.32	−2.02
第 8 周	2 月 13 日~2 月 19 日	17.62	−1.78	22.96	−1.54
第 9 周	2 月 20 日~2 月 26 日	17.52	−0.57	22.75	−0.91
第 10 周	2 月 27 日~3 月 5 日	17.22	−1.71	22.39	−1.58
第 11 周	3 月 6 日~3 月 12 日	16.97	−1.45	21.97	−1.88
第 12 周	3 月 13 日~3 月 19 日	16.71	−1.53	21.64	−1.50
第 13 周	3 月 20 日~3 月 26 日	16.73	0.12	21.60	−0.18
第 14 周	3 月 27 日~4 月 2 日	16.69	−0.24	21.50	−0.46
第 15 周	4 月 3 日~4 月 9 日	16.61	−0.48	21.37	−0.60
第 16 周	4 月 10 日~4 月 16 日	16.45	−0.96	21.21	−0.75
第 17 周	4 月 17 日~4 月 23 日	16.17	−1.70	20.95	−1.23
第 18 周	4 月 24 日~4 月 30 日	15.97	−1.24	20.70	−1.19
第 19 周	5 月 1 日~5 月 7 日	15.75	−1.38	20.46	−1.16
第 20 周	5 月 8 日~5 月 14 日	15.41	−2.16	20.11	−1.71
第 21 周	5 月 15 日~5 月 21 日	15.06	−2.19	19.67	−2.19
第 22 周	5 月 22 日~5 月 28 日	14.72	−2.26	19.29	−1.93
第 23 周	5 月 29 日~6 月 5 日	14.39	−2.24	18.90	−2.02
第 24 周	6 月 5 日~6 月 11 日	14.32	−0.49	18.79	−0.58

全国规模以上生猪定点屠宰企业生猪及白条肉价格基本情况（二）

周　数	日　期	生猪收购价格（元/千克）	环比涨跌（%）	白条肉出厂价格（元/千克）	环比涨跌（%）
第 25 周	6 月 12 日~6 月 18 日	14.45	0.91	18.93	0.75
第 26 周	6 月 19 日~6 月 25 日	14.46	0.07	18.85	-0.42
第 27 周	6 月 26 日~7 月 2 日	14.59	0.90	19.02	0.90
第 28 周	7 月 3 日~7 月 9 日	14.61	0.14	19.04	0.11
第 29 周	7 月 10 日~7 月 16 日	14.64	0.21	19.03	-0.05
第 30 周	7 月 17 日~7 月 23 日	14.60	-0.27	19.03	0.00
第 31 周	7 月 26 日~7 月 30 日	14.55	-0.34	19.04	0.05
第 32 周	7 月 31 日~8 月 6 日	14.77	1.51	19.23	1.00
第 33 周	8 月 7 日~8 月 13 日	14.95	1.22	19.46	1.20
第 34 周	8 月 14 日~8 月 20 日	15.03	0.54	19.56	0.51
第 35 周	8 月 21 日~8 月 27 日	15.16	0.86	19.71	0.77
第 36 周	8 月 28 日~9 月 3 日	15.19	0.20	19.81	0.51
第 37 周	9 月 4 日~9 月 10 日	15.26	0.46	19.86	0.25
第 38 周	9 月 11 日~9 月 17 日	15.26	0.00	19.87	0.05
第 39 周	9 月 18 日~9 月 24 日	15.21	-0.33	19.84	-0.15
第 40 周	9 月 25 日~10 月 1 日	15.17	-0.26	19.85	0.05
第 41 周	10 月 2 日~10 月 8 日	15.16	-0.07	19.81	-0.20
第 42 周	10 月 9 日~10 月 15 日	15.11	-0.33	19.75	-0.30
第 43 周	10 月 16 日~10 月 22 日	15.07	-0.26	19.67	-0.41
第 44 周	10 月 23 日~10 月 29 日	15.03	-0.27	19.64	-0.15
第 45 周	10 月 30 日~11 月 5 日	15.02	-7.00	19.62	-0.10
第 46 周	11 月 6 日~11 月 12 日	15.00	-0.13	19.60	-0.10
第 47 周	11 月 13 日~11 月 19 日	14.98	-0.13	19.62	0.10
第 48 周	11 月 20 日~11 月 26 日	15.01	0.20	19.65	0.15
第 49 周	11 月 27 日~12 月 3 日	15.15	0.93	19.82	0.87
第 50 周	12 月 4 日~12 月 10 日	15.42	1.78	20.15	1.66
第 51 周	12 月 11 日~12 月 17 日	15.52	0.65	20.27	0.60
第 52 周	12 月 18 日~12 月 24 日	15.57	0.32	20.36	0.44
第 53 周	12 月 25 日~12 月 31 日	15.56	-0.06	20.33	-0.15

五、饲料工业

各地区饲料生产情况

单位：吨

地　区	饲料总产量	配合饲料	浓缩饲料	添加剂预混合饲料
全国总计	**221 611 682**	**196 185 892**	**18 536 529**	**6 889 261**
北　京	2 140 439	1 256 224	364 071	520 144
天　津	2 093 011	1 388 444	466 008	238 558
河　北	13 450 001	11 311 941	1 955 999	182 061
山　西	2 787 869	2 509 450	232 176	46 243
内蒙古	3 269 521	2 571 588	663 976	33 957
辽　宁	11 933 434	9 106 385	2 630 485	196 564
吉　林	3 880 202	2 978 378	850 101	51 723
黑龙江	5 555 357	2 171 814	3 067 155	316 388
上　海	1 638 897	1 252 969	149 569	236 359
江　苏	12 371 041	11 471 143	497 908	401 990
浙　江	4 248 285	3 990 396	127 117	130 771
安　徽	6 128 843	5 691 127	253 738	183 977
福　建	8 563 223	8 226 538	127 110	209 574
江　西	10 051 305	9 250 215	186 418	614 672
山　东	29 389 715	27 331 971	1 228 679	829 066
河　南	10 608 150	9 079 075	909 989	619 086
湖　北	9 967 623	9 488 117	297 930	181 577
湖　南	12 409 300	11 597 841	341 961	469 498
广　东	29 511 163	28 317 267	462 323	731 573
广　西	13 464 122	13 121 464	184 420	158 239
海　南	2 604 151	2 598 078		6 073
重　庆	2 772 811	2 511 895	254 299	6 617
四　川	11 052 351	10 081 572	675 584	295 194
贵　州	1 556 806	1 164 303	392 502	
云　南	4 120 064	2 896 333	1 159 301	64 430
西　藏				
陕　西	2 615 025	1 907 344	612 459	95 223
甘　肃	923 384	721 410	192 112	9 862
青　海	86 096	81 467	209	4 419
宁　夏	488 126	355 820	116 550	15 757
新　疆	1 931 368	1 755 322	136 381	39 665

各地区配合饲料生产情况

单位：吨

地　区	配合饲料产量	猪饲料	蛋禽饲料	肉禽饲料	水产饲料	精料补充料	其他饲料
全国总计	**196 185 892**	**81 890 276**	**25 212 371**	**58 194 880**	**20 489 196**	**6 792 110**	**3 607 060**
北　京	1 256 224	375 815	148 521	273 442	77 002	287 320	94 124
天　津	1 388 444	373 575	85 810	180 062	391 636	324 434	32 927
河　北	11 311 941	2 927 947	4 532 744	1 965 197	593 709	849 481	442 862
山　西	2 509 450	634 698	741 348	1 057 449	300	52 316	23 339
内蒙古	2 571 588	361 290	176 623	235 069	10 702	1 687 499	100 404
辽　宁	9 106 385	2 219 051	1 657 801	3 922 916	423 559	704 532	178 527
吉　林	2 978 378	969 453	1 104 755	578 642	18 357	237 028	70 144
黑龙江	2 171 814	784 710	564 329	35 150	143 488	429 410	214 729
上　海	1 252 969	357 439	410 096	319 926	79 517	80 755	5 235
江　苏	11 471 143	3 398 253	1 366 928	3 134 747	3 232 878	155 047	183 289
浙　江	3 990 396	1 456 267	503 091	822 110	1 074 451	60 842	73 635
安　徽	5 691 127	1 637 760	822 383	2 804 372	274 987	36 260	115 365
福　建	8 226 538	3 339 199	897 034	2 507 042	1 365 405		117 859
江　西	9 250 215	6 894 936	757 419	1 017 455	558 016	151	22 238
山　东	27 331 971	6 781 138	2 440 274	16 281 358	447 090	489 492	892 620
河　南	9 079 075	4 537 797	894 154	2 497 676	445 473	188 142	515 832
湖　北	9 488 117	3 494 874	1 905 917	1 719 789	2 344 513	12 334	10 689
湖　南	11 597 841	8 282 933	989 335	866 966	1 432 939	817	24 851
广　东	28 317 267	13 047 301	1 770 699	8 260 863	5 025 540	37 860	175 003
广　西	13 121 464	7 125 302	636 469	4 711 041	647 638	850	165
海　南	2 598 078	1 153 136	150 439	948 816	345 687		
重　庆	2 511 895	1 529 094	294 748	445 045	193 082	7 483	42 444
四　川	10 081 572	6 553 298	963 566	1 673 039	626 922	81 713	183 036
贵　州	1 164 303	712 116	162 426	181 206	54 830	41 587	12 138
云　南	2 896 333	1 041 290	335 558	994 749	467 453	48 984	8 299
西　藏							
陕　西	1 907 344	1 145 608	344 456	224 715	48 762	137 649	6 154
甘　肃	721 410	314 389	82 124	127 425	10 697	141 352	45 423
青　海	81 467	8 758	228			72 482	
宁　夏	355 820	58 182	48 009	27 974	41 520	177 291	2 844
新　疆	1 755 322	374 667	425 086	380 637	113 046	449 001	12 885

各地区浓缩饲料生产情况

单位：吨

地　　区	浓缩饲料产量	猪饲料	蛋禽饲料	肉禽饲料	水产饲料	反刍动物饲料	其他饲料
全国总计	**18 536 529**	**12 006 336**	**2 712 915**	**1 585 734**	**27 363**	**2 000 203**	**203 978**
北　京	364 071	311 175	19 782	1		31 284	1 829
天　津	466 008	372 165	12 524	560		77 810	2 949
河　北	1 955 999	1 048 188	517 363	41 716		324 892	23 839
山　西	232 176	100 517	111 927	1 655		17 691	386
内蒙古	663 976	128 693	52 581	26 798		448 004	7 901
辽　宁	2 630 485	1 158 828	617 173	515 191	12 676	305 394	21 222
吉　林	850 101	475 519	102 472	155 188	1 691	113 306	1 925
黑龙江	3 067 155	1 265 282	773 861	633 182		332 861	61 971
上　海	149 569	139 169	89	257		4 906	5 148
江　苏	497 908	481 523	3 928	1 171	3 392	7 407	487
浙　江	127 117	127 111	6				
安　徽	253 738	238 592	2 816	1 674	60	2 594	8 002
福　建	127 110	126 011	68	142	26		864
江　西	186 418	174 426	65	30	570		11 327
山　东	1 228 679	1 104 895	48 889	6 052	54	60 711	8 078
河　南	909 989	796 999	77 617	16 161		15 763	3 449
湖　北	297 930	281 910	3 184	10 210	1 704	922	
湖　南	341 961	340 857	500	290		200	113
广　东	462 323	434 016	890	5 561	6 388		15 468
广　西	184 420	162 263	140	22 017			
海　南							
重　庆	254 299	221 598	30 051	478		2 171	
四　川	675 584	646 302	5 905	1 432	86	18 937	2 923
贵　州	392 502	370 803	1 807	4 791		6 448	8 654
云　南	1 159 301	1 082 173	9 304	51 757		15 942	125
西　藏							
陕　西	612 459	227 853	261 913	52 682	235	69 124	652
甘　肃	192 112	74 407	18 355	14 272		69 402	15 676
青　海	209					209	
宁　夏	116 550	41 253	8 857	11 395	462	53 594	990
新　疆	136 381	73 807	30 849	11 073	20	20 632	

各地区添加剂预混合饲料生产情况

单位：吨

地　区	添加剂预混合饲料产量	猪饲料	蛋禽饲料	肉禽饲料	水产饲料	反刍动物饲料	其他饲料
全国总计	**6 889 261**	**4 200 197**	**1 386 346**	**364 289**	**281 820**	**433 787**	**222 822**
北　京	520 144	237 893	171 736	9 499	10 511	71 802	18 702
天　津	238 558	110 818	78 067	4 089	2 955	39 571	3 057
河　北	182 061	51 450	38 401	6 897	2 452	57 570	25 292
山　西	46 243	25 353	13 022	5 957		1 448	463
内蒙古	33 957	9 306	419	20		14 015	10 198
辽　宁	196 564	75 715	65 187	28 217	6 559	7 499	13 387
吉　林	51 723	15 195	13 401	10 776	1 201	9 597	1 552
黑龙江	316 388	141 236	71 295	52 238	685	39 533	11 403
上　海	236 359	129 736	49 174	8 619	1 316	21 529	25 985
江　苏	401 990	203 298	124 232	25 237	10 703	36 965	1 555
浙　江	130 771	100 611	10 624	5 140	11 447	117	2 832
安　徽	183 977	130 982	21 935	20 405	1 842	4 120	4 693
福　建	209 574	175 236	8 450	11 395	13 675	7	811
江　西	614 672	600 647	4 968	4 812	1 281	33	2 931
山　东	829 066	298 355	366 873	37 813	6 549	69 520	49 957
河　南	619 086	497 441	104 854	10 008	1 284	3 393	2 106
湖　北	181 577	102 039	63 016	5 272	9 559		1 692
湖　南	469 498	425 112	30 493	9 443	1 286	2 802	361
广　东	731 573	489 564	34 508	38 822	139 114	631	28 933
广　西	158 239	106 011	6 990	39 347	5 891		
海　南	6 073	6 073					
重　庆	6 617	5 457	795	208	48	103	6
四　川	295 194	177 696	31 704	19 032	49 637	13 182	3 943
贵　州							
云　南	64 430	25 806	28 128	3 242	1 276	1 371	4 607
西　藏							
陕　西	95 223	32 836	39 952	4 312	1 547	13 109	3 467
甘　肃	9 862	1 648	429	464		6 653	668
青　海	4 419	561				3 858	
宁　夏	15 757	7 764	1 317	841		5 071	763
新　疆	39 665	16 358	6 374	2 183	1 003	10 290	3 457

各地区饲料工业总产值和营业收入基本情况

单位：万元

地区	饲料工业		饲料产品	
	总产值	营业收入	总产值	营业收入
全国总计	**83 935 349**	**81 946 484**	**74 359 938**	**73 030 401**
北京	1 335 527	1 103 141	1 281 347	1 050 921
天津	892 391	916 521	863 644	888 502
河北	4 083 576	4 071 949	3 910 039	3 910 041
山西	959 116	879 713	953 380	879 246
内蒙古	1 507 915	1 491 845	852 990	844 575
辽宁	3 956 070	3 911 162	3 767 716	3 743 986
吉林	1 391 494	1 391 494	1 146 223	1 146 223
黑龙江	2 141 819	2 032 162	2 050 020	1 942 710
上海	821 786	819 882	629 518	628 536
江苏	5 340 802	5 101 438	4 284 147	4 026 859
浙江	3 032 460	2 886 408	1 621 280	1 559 972
安徽	2 124 151	2 004 689	2 042 546	1 928 999
福建	2 856 944	2 841 734	2 745 096	2 734 992
江西	3 538 625	3 647 205	3 225 928	3 424 658
山东	11 749 940	11 622 193	9 311 890	9 481 334
河南	2 773 151	2 539 153	2 668 343	2 455 635
湖北	4 359 082	4 149 886	3 977 449	3 819 532
湖南	4 787 407	4 577 251	4 606 127	4 451 497
广东	10 413 486	10 270 066	10 182 288	10 019 723
广西	4 209 051	4 221 530	4 116 229	4 130 256
海南	781 793	745 521	781 245	744 995
重庆	880 618	927 729	858 423	907 231
四川	4 171 490	4 165 583	3 842 875	3 860 546
贵州	885 608	877 841	757 249	751 426
云南	2 222 705	2 111 441	1 810 070	1 719 567
西藏				
陕西	997 630	891 355	989 145	884 414
甘肃	360 873	360 873	360 117	360 117
青海	25 990	24 966	25 910	24 904
宁夏	575 190	591 206	153 167	151 534
新疆	758 661	770 548	545 538	557 472

各地区饲料加工企业基本情况

单位：家

地区	总数	企业经济类型							
		国有	集体	私营	联营	股份	港澳台	外商	其他
全国总计	**11 233**	**160**	**43**	**6 414**	**85**	**3 958**	**125**	**246**	**202**
北京	192	6	1	89		88	3	2	3
天津	142	8	1	75		37	3	16	2
河北	890	7	6	389	5	472	1	6	4
山西	181	3	2	12	5	155		4	
内蒙古	266	7	2	162	3	87	2	1	2
辽宁	716	7	1	396		295	6	11	
吉林	293	6		136	2	139	3	7	
黑龙江	476	6	2	208	3	244	1	12	
上海	126	2	2	64	1	42	5	7	3
江苏	613	10	3	378		178	14	23	7
浙江	385	3	2	247	6	116	2	5	4
安徽	323	6		198	1	105	3	6	4
福建	292	3		151	3	102	11	15	7
江西	220	3	1	104		106	3	3	
山东	1 882	30	4	1 345	5	437	7	32	22
河南	776	6	2	504	2	240	3	8	11
湖北	446	6		285	1	146	3	4	1
湖南	395	7	3	189	2	179	3	9	3
广东	891	10	4	408	8	331	44	28	58
广西	279			125	25	118	1	7	3
海南	42		2	24	7	5			4
重庆	136	3		79		49		3	2
四川	438	1	2	341		19	3	24	48
贵州	91	1		30	1	55	1	1	2
云南	272	3	1	167	1	94		4	2
西藏									
陕西	223	3	1	134	2	72	2	3	6
甘肃	95			94	1				
青海	18	2		12		3			1
宁夏	43			29		12	1	1	
新疆	91	11	1	39	1	32		4	3

各地区饲料加工企业职工情况

单位：人

地区	职工总数	其中职工学历构成					其中技术工种人员构成		
		博士	硕士	大学本科	大学专科	其他	小计	检验员、化验员	维修工
全国总计	**467 506**	**1 871**	**9 018**	**69 862**	**110 213**	**276 542**	**35 203**	**20 740**	**14 463**
北京	8 263	147	465	1 650	2 467	3 534	439	276	163
天津	4 515	33	167	934	984	2 397	370	234	136
河北	25 175	84	312	2 596	5 182	17 001	2 329	1 445	884
山西	4 376	15	53	595	1 001	2 712	412	233	179
内蒙古	15 581	39	193	2 473	4 872	8 004	1 570	869	701
辽宁	17 729	59	393	2 869	4 210	10 198	2 199	1 463	736
吉林	8 330	58	102	1 192	1 794	5 184	901	566	335
黑龙江	8 687	22	49	208	249	8 159	1 067	716	351
上海	11 455	33	187	1 583	2 272	7 380	1 026	609	417
江苏	32 765	124	680	5 220	7 737	19 004	2 120	1 197	923
浙江	26 800	102	717	5 421	5 914	14 646	2 174	1 391	783
安徽	10 537	18	152	1 760	2 350	6 257	471	252	219
福建	12 977	37	167	1 717	2 338	8 718	974	504	470
江西	10 182	40	151	1 330	2 344	6 317	768	432	336
山东	70 326	289	1 865	11 109	19 663	37 400	4 248	2 537	1 711
河南	19 206	125	447	3 127	5 820	9 687	1 439	876	563
湖北	30 856	78	546	4 605	6 892	18 735	1 298	686	612
湖南	16 563	102	357	2 856	5 016	8 232	1 846	1 348	498
广东	35 666	191	839	5 202	6 985	22 449	2 623	1 332	1 291
广西	12 342	19	140	1 518	2 374	8 291	1 002	498	504
海南	1 442		3	118	346	975	69	39	30
重庆	6 953	22	103	1 089	2 395	3 344	340	198	142
四川	30 643	132	463	3 535	5 467	21 046	2 378	1 281	1 097
贵州	2 873	10	25	393	827	1 618	199	108	91
云南	11 660	26	90	1 944	2 650	6 950	973	528	445
西藏									
陕西	11 698	36	165	1 472	3 229	6 796	699	433	266
甘肃	4 525	8	32	955	640	2 890	268	168	100
青海	590		4	36	80	470	52	28	24
宁夏	6 406	15	75	1 027	1 810	3 479	632	320	312
新疆	8 385	7	76	1 328	2 305	4 669	317	173	144

六、渔　业

全国渔民人均纯收入

单位：元

地区	2017 年	2016 年	2017 年比 2016 年增减	
			绝对量	%
全国总计	**18 452.78**	**16 904.20**	**1 548.58**	**9.16**
北京	18 729.56	18 180.73	548.83	3.02
天津	25 378.11	24 088.93	1 289.18	5.35
河北	15 151.18	14 024.64	1 127.18	8.04
山西	8 490.40	7 814.59	675.81	8.65
内蒙古	12 586.40	12 149.94	436.46	3.59
辽宁	18 337.26	17 693.36	643.90	3.64
吉林	12 802.75	12 303.03	499.72	4.06
黑龙江	15 448.14	15 041.75	406.39	2.70
上海	28 504.68	26 321.06	2 183.62	8.30
江苏	24 752.57	22 777.27	1 975.30	8.67
浙江	24 822.36	23 071.49	1 750.87	7.59
安徽	16 887.20	15 158.22	1 728.98	11.41
福建	19 583.63	17 851.00	1 732.63	9.71
江西	13 789.18	13 291.39	497.79	3.75
山东	20 769.87	18 827.95	1 941.92	10.31
河南	13 732.51	12 791.37	941.14	7.36
湖北	18 829.97	17 229.06	1 600.91	9.29
湖南	16 113.28	16 028.11	85.17	0.53
广东	16 962.79	14 486.19	2 476.60	17.10
广西	21 953.80	20 431.97	1 521.83	7.45
海南	15 262.61	14 740.31	522.30	3.54
重庆	17 060.02	15 546.66	1 513.36	9.73
四川	16 940.13	15 063.04	1 877.09	12.46
贵州	14 015.02	13 591.99	423.03	3.11
云南	15 223.40	12 422.30	2 801.10	22.55
西藏				
陕西	13 994.11	13 089.30	904.81	6.91
甘肃	8 167.66	7 766.94	400.72	5.16
青海	15 111.77	16 573.21	-1 461.44	-8.82
宁夏	11 879.64	11 118.90	760.74	6.84
新疆	16 913.40	15 752.27	1 161.13	7.37

全国水产品总产量

单位：吨

指　　标	2017 年	2016 年	2017 年比 2016 年增减	
			绝对量	%
全国总计	**64 453 279**	**63 794 834**	**658 445**	**1.03**
海水产品	33 217 376	33 012 620	204 756	0.62
淡水产品	31 235 903	30 782 214	453 689	1.47
养殖产量	49 059 903	47 931 960	1 127 943	2.35
海水养殖	20 006 973	19 153 079	853 894	4.46
淡水养殖	29 052 930	28 778 881	274 049	0.95
捕捞产量	15 393 376	15 862 874	−469 498	−2.96
海洋捕捞	11 124 203	11 872 029	−747 826	−6.30
远洋渔业	2 086 200	1 987 512	98 688	4.97
淡水捕捞	2 182 973	2 003 333	179 640	8.97
养殖产品中：鱼类	26 829 152	26 709 843	119 309	0.45
甲壳类	4 549 725	4 140 800	408 925	9.88
贝类	14 586 132	14 131 801	454 331	3.21
藻类	2 235 012	2 114 380	120 632	5.71
其他类	859 882	835 136	24 746	2.96
捕捞产品中：鱼类	9 267 921	9 660 358	−392 437	−4.06
甲壳类	2 365 290	2 468 447	−103 157	−4.18
贝类	694 737	699 192	−4 455	−0.64
藻类	20 349	23 510	−3 161	−13.45
头足类	616 558	648 348	−31 790	−4.90
其他类	342 321	375 507	−33 186	−8.84

各地区水产品产量（一）

单位：吨

地区	2017年							
	总产量	1. 养殖产品小计	海水养殖	淡水养殖	2. 捕捞产品小计	海洋捕捞	远洋渔业	淡水捕捞
全国总计	**64 453 279**	**49 059 903**	**20 006 973**	**29 052 930**	**15 393 376**	**11 124 203**	**2 086 200**	**2 182 973**
北　京	45 098	33 082		33 082	12 016		9 000	3 016
天　津	323 321	278 370	9 172	269 198	44 951	27 517	11 900	5 534
河　北	1 164 600	833 333	529 158	304 175	331 267	234 049	48 200	49 018
山　西	53 047	50 905		50 905	2 142			2 142
内蒙古	156 181	127 827		127 827	28 354			28 354
辽　宁	4 794 374	3 911 374	3 081 374	830 000	883 000	552 000	285 400	45 600
吉　林	220 350	201 046		201 046	19 304			19 304
黑龙江	587 302	535 662		535 662	51 640			51 640
上　海	268 882	122 750		122 750	146 132	14 801	129 900	1 431
江　苏	5 075 922	4 211 765	930 759	3 281 006	864 157	530 322	26 200	307 635
浙　江	5 944 516	2 269 829	1 162 558	1 107 271	3 674 687	3 093 263	467 900	113 524
安　徽	2 179 632	1 901 124		1 901 124	278 508			278 508
福　建	7 445 737	5 205 404	4 453 172	752 232	2 240 333	1 743 208	428 200	68 925
江　西	2 505 549	2 279 506		2 279 506	226 043			226 043
山　东	8 680 030	6 415 409	5 190 836	1 224 573	2 264 621	1 749 591	431 300	83 730
河　南	946 730	835 250		835 250	111 480			111 480
湖　北	4 654 222	4 361 261		4 361 261	292 961			292 961
湖　南	2 415 312	2 320 384		2 320 384	94 928			94 928
广　东	8 335 387	6 725 954	3 029 070	3 696 884	1 609 433	1 441 363	47 700	120 370
广　西	3 207 683	2 483 420	1 299 352	1 184 068	724 263	610 758	8 900	104 605
海　南	1 807 899	667 273	321 522	345 751	1 140 626	1 127 331		13 295
重　庆	515 130	496 187		496 187	18 943			18 943
四　川	1 507 396	1 453 613		1 453 613	53 783			53 783
贵　州	254 782	243 262		243 262	11 520			11 520
云　南	631 182	575 233		575 233	55 949			55 949
西　藏	454	71		71	383			383
陕　西	163 030	155 830		155 830	7 200			7 200
甘　肃	15 441	15 441		15 441				
青　海	16 073	16 073		16 073				
宁　夏	180 889	180 460		180 460	429			429
新　疆	165 528	152 805		152 805	12 723			12 723
中农发集团	191 600				191 600		191 600	

各地区水产品产量（二）

单位：吨

地区	2016年							
	总产量	1. 养殖产品小计	海水养殖	淡水养殖	2. 捕捞产品小计	海洋捕捞	远洋渔业	淡水捕捞
全国总计	**63 794 834**	**47 931 960**	**19 153 079**	**28 778 881**	**15 862 874**	**11 872 029**	**1 987 512**	**2 003 333**
北　京	54 288	37 423		37 423	16 865		13 514	3 351
天　津	326 624	270 702	11 334	259 368	55 922	36 403	13 217	6 302
河　北	1 194 099	840 772	511 372	329 400	353 327	247 836	47 591	57 900
山　西	52 209	51 138		51 138	1 071			1 071
内蒙古	158 298	128 995		128 995	29 303			29 303
辽　宁	4 799 595	3 915 700	3 085 500	830 200	883 895	553 000	285 495	45 400
吉　林	188 000	181 200		181 200	6 800			6 800
黑龙江	556 200	503 300		503 300	52 900			52 900
上　海	269 633	125 800		125 800	143 833	16 910	124 923	2 000
江　苏	5 082 179	4 207 989	904 173	3 303 816	874 190	548 142	20 100	305 948
浙　江	5 843 363	2 023 172	971 901	1 051 271	3 820 191	3 314 451	414 405	91 335
安　徽	2 141 800	1 862 600		1 862 600	279 200			279 200
福　建	7 111 323	4 871 671	4 159 869	711 802	2 239 652	1 882 107	290 445	67 100
江　西	2 417 617	2 194 139		2 194 139	223 478			223 478
山　东	8 899 622	6 391 610	5 127 840	1 263 770	2 508 012	1 884 600	529 512	93 900
河　南	947 600	895 500		895 500	52 100			52 100
湖　北	4 708 394	4 518 227		4 518 227	190 167			190 167
湖　南	2 383 888	2 288 600		2 288 600	95 288			95 288
广　东	8 182 894	6 551 546	2 905 208	3 646 338	1 631 348	1 464 998	45 150	121 200
广　西	3 074 737	2 324 509	1 196 180	1 128 329	750 228	643 000	5 728	101 500
海　南	1 921 289	627 607	279 702	347 905	1 293 682	1 280 582		13 100
重　庆	490 626	470 917		470 917	19 709			19 709
四　川	1 421 600	1 364 653		1 364 653	56 947			56 947
贵　州	246 500	234 900		234 900	11 600			11 600
云　南	601 487	548 206		548 206	53 281			53 281
西　藏	912	80		80	832			832
陕　西	159 000	151 780		151 780	7 220			7 220
甘　肃	15 333	15 333		15 333				
青　海	12 050	12 050		12 050				
宁　夏	174 591	174 175		174 175	416			416
新　疆	161 651	147 666		147 666	13 985			13 985
中农发集团	197 432				197 432		197 432	

各地区水产品产量（三）

单位：吨

地　区	2017年比2016年增减							
	总产量	1. 养殖产品小计	海水养殖	淡水养殖	2. 捕捞产品小计	海洋捕捞	远洋渔业	淡水捕捞
全国总计	**658 445**	**1 127 943**	**853 894**	**274 049**	**-469 498**	**-747 826**	**98 688**	**179 640**
北　京	-9 190	-4 341		-4 341	-4 849		-4 514	-335
天　津	-3 303	7 668	-2 162	9 830	-10 971	-8 886	-1 317	-768
河　北	-29 499	-7 439	17 786	-25 225	-22 060	-13 787	609	-8 882
山　西	838	-233		-233	1 071			1 071
内蒙古	-2 117	-1 168		-1 168	-949			-949
辽　宁	-5 221	-4 326	-4 126	-200	-895	-1 000	-95	200
吉　林	32 350	19 846		19 846	12 504			12 504
黑龙江	31 102	32 362		32 362	-1 260			-1 260
上　海	-751	-3 050		-3 050	2 299	-2 109	4 977	-569
江　苏	-6 257	3 776	26 586	-22 810	-10 033	-17 820	6 100	1 687
浙　江	101 153	246 657	190 657	56 000	-145 504	-221 188	53 495	22 189
安　徽	37 832	38 524		38 524	-692			-692
福　建	334 414	333 733	293 303	40 430	681	-138 899	137 755	1 825
江　西	87 932	85 367		85 367	2 565			2 565
山　东	-219 592	23 799	62 996	-39 197	-243 391	-135 009	-98 212	-10 170
河　南	-870	-60 250		-60 250	59 380			59 380
湖　北	-54 172	-156 966		-156 966	102 794			102 794
湖　南	31 424	31 784		31 784	-360			-360
广　东	152 493	174 408	123 862	50 546	-21 915	-23 635	2 550	-830
广　西	132 946	158 911	103 172	55 739	-25 965	-32 242	3 172	3 105
海　南	-113 390	39 666	41 820	-2 154	-153 056	-153 251		195
重　庆	24 504	25 270		25 270	-766			-766
四　川	85 796	88 960		88 960	-3 164			-3 164
贵　州	8 282	8 362		8 362	-80			-80
云　南	29 695	27 027		27 027	2 668			2 668
西　藏	-458	-9		-9	-449			-449
陕　西	4 030	4 050		4 050	-20			-20
甘　肃	108	108		108				
青　海	4 023	4 023		4 023				
宁　夏	6 298	6 285		6 285	13			13
新　疆	3 877	5 139		5 139	-1 262			-1 262
中农发集团	-5 832				-5 832		-5 832	

全国水产养殖产量（按水域和养殖方式分）

单位：吨

指　　标	2017 年	2016 年	2017 年比 2016 年增减	
			绝对量	%
总　　计	**49 059 903**	**47 931 960**	**1 127 943**	**2.35**
1. 海水养殖	20 006 973	19 153 079	853 894	4.46
按水域分：				
海上	11 425 072	10 873 852	551 220	5.07
滩涂	6 196 565	6 088 559	108 006	1.77
其他	2 385 336	2 190 668	194 668	8.89
按养殖方式分：				
池塘	2 665 160	2 296 196	368 964	16.07
普通网箱	567 333	485 169	82 164	16.94
深水网箱	135 032	117 085	17 947	15.33
筏式	5 970 989	5 740 094	230 895	4.02
吊笼	1 191 006	989 903	201 103	20.32
底播	5 365 280	5 399 931	−34 651	−0.64
工厂化	240 154	205 082	35 072	17.10
2. 淡水养殖	29 052 930	28 778 881	274 049	0.95
按水域分：				
池塘	21 222 191	20 964 868	257 323	1.23
湖泊	1 332 501	1 477 606	−145 105	−9.82
水库	3 216 712	3 329 324	−112 612	−3.38
河沟	773 275	806 744	−33 469	−4.15
其他	560 744	571 978	−11 234	−1.96
稻田养成鱼	1 947 507	1 628 361	319 146	19.60
按养殖方式分：				
围栏	290 820	454 148	−163 328	−35.96
网箱	826 583	1 196 381	−369 798	−30.91
工厂化	189 380	175 668	13 712	7.81

全国海水养殖产量（一）

单位：吨

指　　标	2017 年	2016 年	2017 年比 2016 年增减	
			绝对量	%
海水养殖	**20 006 973**	**19 153 079**	**853 894**	**4.46**
1. 鱼类	1 419 389	1 308 917	110 472	8.44
其中：鲈鱼	156 595	137 901	18 694	13.56
鲆鱼	106 237	117 580	−11 343	−9.65
大黄鱼	177 640	159 529	18 111	11.35
军曹鱼	43 657	37 065	6 592	17.78
鰤鱼	25 933	23 074	2 859	12.39
鲷鱼	81 107	72 181	8 926	12.37
美国红鱼	68 559	67 931	628	0.92
河鲀	24 403	22 993	1 410	6.13
石斑鱼	131 536	107 203	24 333	22.70
鲽鱼	13 655	13 329	326	2.45
2. 甲壳类	1 631 185	1 504 168	127 017	8.44
其中：虾	1 345 154	1 221 515	123 639	10.12
其中：南美白对虾	1 080 791	966 819	113 972	11.79
斑节对虾	75 227	71 894	3 333	4.64
中国对虾	37 458	39 010	−1 552	−3.98
日本对虾	52 466	55 368	−2 902	−5.24
蟹	286 031	282 653	3 378	1.20
其中：梭子蟹	119 777	123 154	−3 377	−2.74
青蟹	151 976	146 189	5 787	3.96

全国海水养殖产量（二）

单位：吨

指　　标	2017 年	2016 年	2017 年比 2016 年增减	
			绝对量	%
3. 贝类	14 371 304	13 893 716	477 588	3. 44
其中：牡蛎	4 879 422	4 660 434	218 988	4. 70
鲍	148 539	134 741	13 798	10. 24
螺	254 736	239 357	15 379	6. 43
蚶	352 619	354 391	-1 772	-0. 50
贻贝	927 609	862 829	64 780	7. 51
江珧	16 503	17 191	-688	-4. 00
扇贝	2 007 529	1 849 887	157 642	8. 52
蛤	4 177 913	4 120 650	57 263	1. 39
蛏	862 541	799 282	63 259	7. 91
4. 藻类	2 227 838	2 107 060	120 778	5. 73
其中：海带	1 486 645	1 433 087	53 558	3. 74
裙带菜	166 795	151 953	14 842	9. 77
紫菜	173 305	131 285	42 020	32. 01
江蓠	308 674	286 583	22 091	7. 71
麒麟菜	5 629	5 114	515	10. 07
石花菜				
羊栖菜	19 997	18 365	1 632	8. 89
苔菜	340	354	-14	-3. 95
5. 其他类	357 257	339 218	18 039	5. 32
其中：海参	219 907	202 951	16 956	8. 35
海胆（千克）	9 708 159	10 039 605	-331 446	-3. 30
海水珍珠(千克)	2 272	2 925	-653	-22. 32
海蜇	82 280	79 342	2 938	3. 70

全国淡水养殖产量

单位：吨

指　　标	2017 年	2016 年	2017 年比 2016 年增减	
			绝对量	%
淡水养殖产量	**29 052 930**	**28 778 881**	**274 049**	**0.95**
1. 鱼类	25 409 763	25 400 926	8 837	0.03
2. 甲壳类	2 918 540	2 636 632	281 908	10.69
其中：虾	2 167 595	1 887 907	279 688	14.81
其中：罗氏沼虾	137 360	126 591	10 769	8.51
青虾	240 739	238 413	2 326	0.98
克氏原螯虾	1 129 708	827 107	302 601	36.59
南美白对虾	591 496	661 819	−70 323	−10.63
蟹（河蟹）	750 945	748 725	2 220	0.30
3. 贝类	214 828	238 085	−23 257	−9.77
其中：河蚌	69 436	88 166	−18 730	−21.24
螺	98 894	100 884	−1 990	−1.97
蚬	21 746	21 823	−77	−0.35
4. 藻类（螺旋藻）	7 174	7 320	−146	−1.99
5. 其他类	502 625	495 918	6 707	1.35
其中：龟	45 798	44 326	1 472	3.32
鳖	322 102	331 694	−9 592	−2.89
蛙	91 653	85 572	6 081	7.11
珍珠（千克）	939 182	1 588 753	−649 571	−40.89
6. 观赏鱼（万尾）	415 960	397 884	18 076	4.54

全国淡水养殖主要鱼类产量

单位：吨

指　　标	2017 年	2016 年	2017 年比 2016 年增减	
			绝对量	%
青鱼	684 502	679 779	4 723	0.69
草鱼	5 345 641	5 286 580	59 061	1.12
鲢鱼	3 852 813	3 918 236	−65 423	−1.67
鳙鱼	3 097 952	3 114 939	−16 987	−0.55
鲤鱼	3 004 345	2 998 937	5 408	0.18
鲫鱼	2 817 989	2 725 841	92 148	3.38
鳊鱼	833 393	858 354	−24 961	−2.91
泥鳅	394 691	372 587	22 104	5.93
鲇鱼	382 306	392 902	−10 596	−2.70
鮰鱼	227 454	236 786	−9 332	−3.94
黄颡鱼	480 032	434 425	45 607	10.50
鲑鱼	3 089	3 106	−17	−0.55
鳟鱼	41 460	35 198	6 262	17.79
河鲀	6 283	5 044	1 239	24.56
短盖巨脂鲤	82 119	89 255	−7 136	−8.00
长吻鮠	21 331	24 823	−3 492	−14.07
黄鳝	358 295	387 730	−29 435	−7.59
鳜鱼	335 583	314 897	20 686	6.57
池沼公鱼	12 067	13 439	−1 372	−10.21
银鱼	20 699	21 088	−389	−1.84
鲈鱼	456 888	347 259	109 629	31.57
乌鳢	483 141	478 428	4 713	0.99
罗非鱼	1 584 680	1 560 145	24 535	1.57
鲟鱼	83 058	78 764	4 294	5.45
鳗鲡	217 263	210 995	6 268	2.97

各地区海水养殖产量（按品种分）（一）

单位：吨

地　区	海水养殖产量	1. 鱼类	其中					
			鲈鱼	鲆鱼	大黄鱼	军曹鱼	鰤鱼	鲷鱼
全国总计	**20 006 973**	**1 419 389**	**156 595**	**106 237**	**177 640**	**43 657**	**25 933**	**81 107**
天　津	9 172	2 155		844				
河　北	529 158	10 281	10	3 951				
辽　宁	3 081 374	71 340	7 219	47 411				5
上　海								
江　苏	930 759	82 919	1 562	6 409				89
浙　江	1 162 558	41 900	7 239	94	14 582	38		2 359
福　建	4 453 172	371 836	31 715	4 084	150 542	675	3 661	35 072
山　东	5 190 836	122 745	15 582	40 631				255
广　东	3 029 070	540 350	82 102	2 813	12 516	32 147	22 272	36 443
广　西	1 299 352	55 505	9 617			62		4 262
海　南	321 522	120 358	1 549			10 735		2 622

各地区海水养殖产量（按品种分）（二）

单位：吨

地　区	1. 鱼类（续）				2. 甲壳类	（1）虾	其中	
	其中（续）							
	美国红鱼	河鲀	石斑鱼	鲽鱼			南美白对虾	斑节对虾
全国总计	**68 559**	**24 403**	**131 536**	**13 655**	**1 631 185**	**1 345 154**	**1 080 791**	**75 227**
天　津			347		7 017	7 017	6 967	
河　北		1 904		1 322	29 460	27 065	16 839	11
辽　宁		3 450			38 078	32 916	12 051	
上　海								
江　苏		183	10	2 337	116 374	80 038	21 248	8 664
浙　江	5 723		343	77	107 833	55 898	34 733	796
福　建	16 916	8 862	29 061	1 146	197 916	125 474	99 985	6 001
山　东	4 000	5 158	80	4 927	143 818	126 998	91 133	368
广　东	32 407	4 846	54 873	3 846	542 762	476 424	395 859	52 673
广　西	5 828		2 851		307 341	288 043	287 245	788
海　南	3 685		43 971		140 586	125 281	114 731	5 926

各地区海水养殖产量（按品种分）（三）

单位：吨

地区	2. 甲壳类（续）					3. 贝类
	（1）虾（续）		（2）蟹			
	其中（续）			其中		
	中国对虾	日本对虾		梭子蟹	青蟹	
全国总计	**37 458**	**52 466**	**286 031**	**119 777**	**151 976**	**14 371 304**
天津						
河北	5 036	5 028	2 395	2 395		474 748
辽宁	11 988	7 274	5 162	4 096		2 484 735
上海						
江苏	6 652	757	36 336	32 569	1 972	679 840
浙江	861	2 235	51 935	25 779	26 083	934 345
福建	5 150	9 869	72 442	31 288	35 109	2 817 252
山东	7 771	20 778	16 820	14 712		4 140 201
广东		6 515	66 338	8 938	55 036	1 861 066
广西		10	19 298		19 298	933 703
海南			15 305		14 478	45 414

各地区海水养殖产量（按品种分）（四）

单位：吨

地区	3. 贝类（续）								
	其中								
	牡蛎	鲍	螺	蚶	贻贝	江珧	扇贝	蛤	蛏
全国总计	**4 879 422**	**148 539**	**254 736**	**352 619**	**927 609**	**16 503**	**2 007 529**	**4 177 913**	**862 541**
天津									
河北			1 376	7 002	950		424 233	38 923	38
辽宁	226 128	2 308		37 025	63 965		472 230	1 286 740	50 916
上海									
江苏	48 185		67 038	25 347	45 031		48	377 306	60 220
浙江	195 871	299	12 394	159 847	172 914		750	83 195	305 481
福建	1 788 061	123 387	6 120	53 394	96 264		8 586	375 986	268 324
山东	910 685	13 411	16 586	2 548	447 006	60	984 217	1 437 528	163 942
广东	1 116 515	9 039	102 038	59 300	89 633	16 443	111 887	304 050	12 081
广西	589 875		43 046	3 779	11 846		2 661	263 276	1 539
海南	4 102	95	6 138	4 377			2 917	10 909	

各地区海水养殖产量（按品种分）（五）

单位：吨

地　区	4. 藻类	其中					
		海带	裙带菜	紫菜	江蓠	麒麟菜	石花菜
全国总计	**2 227 838**	**1 486 645**	**166 795**	**173 305**	**308 674**	**5 629**	
天　津							
河　北							
辽　宁	330 236	213 959	116 277				
上　海							
江　苏	42 254	300	4	41 860			
浙　江	74 009	16 964		42 632	40		
福　建	1 031 766	720 017		63 509	195 626		
山　东	659 286	531 330	49 514	14 931	48 394		
广　东	75 243	4 075	1 000	10 373	53 257	2 000	
广　西							
海　南	15 044				11 357	3 629	

各地区海水养殖产量（按品种分）（六）

单位：吨

地　区	4. 藻类（续）		5. 其他	其中			
	其中（续）						
	羊栖菜	苔菜		海参	海胆（千克）	海水珍珠（千克）	海蜇
全国总计	**19 997**	**340**	**357 257**	**219 907**	**9 708 159**	**2 272**	**82 280**
天　津							
河　北			14 669	9 262			3 943
辽　宁			156 985	82 796	2 500 000		68 269
上　海							
江　苏			9 372	351			5 331
浙　江	13 557	340	4 471	2			722
福　建	6 112		34 402	27 358			2 637
山　东			124 786	99 641	5 443 000		1 095
广　东	328		9 649	497	1 765 159	1 990	283
广　西			2 803			282	
海　南			120				

各地区海水养殖产量（按水域和养殖方式分）（一）

单位：吨

地区	海水养殖产量	按养殖水域分			养殖方式中
		1. 海上	2. 滩涂	3. 其他	1. 池塘
全国总计	**20 006 973**	**11 425 072**	**6 196 565**	**2 385 336**	**2 665 160**
天津	9 172			9 172	7 271
河北	529 158	437 835	58 092	33 231	37 184
辽宁	3 081 374	1 989 583	874 841	216 950	219 951
上海					
江苏	930 759	217 175	518 828	194 756	282 017
浙江	1 162 558	443 124	373 367	346 067	334 291
福建	4 453 172	2 922 034	1 175 746	355 392	344 149
山东	5 190 836	3 696 031	1 291 573	203 232	356 494
广东	3 029 070	1 140 636	1 228 302	660 132	656 559
广西	1 299 352	471 239	532 769	295 344	229 790
海南	321 522	107 415	143 047	71 060	197 454

各地区海水养殖产量（按水域和养殖方式分）（二）

单位：吨

地区	养殖方式中（续）					
	2. 普通网箱	3. 深水网箱	4. 筏式	5. 吊笼	6. 底播	7. 工厂化
全国总计	**567 333**	**135 032**	**5 970 989**	**1 191 006**	**5 365 280**	**240 154**
天津						1 901
河北			424 718		30 895	11 135
辽宁	5 377	3 280	934 155	60 887	1 425 183	46 158
上海						
江苏		80	117 419	1 600	466 149	15 049
浙江	21 012	7 191	373 663	1 520	302 181	6 305
福建	283 812	11 918	1 481 477	153 973	419 161	31 187
山东	65 032	22 515	1 934 938	885 645	1 812 021	114 171
广东	117 458	26 407	399 870	84 358	644 541	7 239
广西	49 041	9 706	304 749	2 748	254 367	50
海南	25 601	53 935		275	10 782	6 959

各地区淡水养殖产量（按品种分）（一）

单位：吨

地　区	淡水养殖产量	1. 鱼类	其中				
			青鱼	草鱼	鲢鱼	鳙鱼	鲤鱼
全国总计	**29 052 930**	**25 409 763**	**684 502**	**5 345 641**	**3 852 813**	**3 097 952**	**3 004 345**
北　京	33 082	33 078	591	8 886	2 776	1 611	11 603
天　津	269 198	237 625		36 233	33 209	10 818	96 556
河　北	304 175	272 379	80	47 859	43 346	20 633	104 924
山　西	50 905	50 501	224	17 212	7 345	4 432	15 056
内蒙古	127 827	125 018		17 158	20 762	15 748	48 636
辽　宁	830 000	757 182	1 019	102 133	104 712	61 263	309 235
吉　林	201 046	198 415	1 589	19 711	50 681	38 193	46 999
黑龙江	535 662	528 723		43 822	102 252	43 783	193 117
上　海	122 750	97 112	4 751	25 996	13 581	9 032	737
江　苏	3 281 006	2 418 336	90 756	425 247	457 031	240 739	138 227
浙　江	1 107 271	839 046	59 081	100 538	147 726	109 071	35 383
安　徽	1 901 124	1 517 220	80 002	267 958	267 690	263 511	105 308
福　建	752 232	636 397	12 182	156 174	66 474	56 443	50 234
江　西	2 279 506	2 048 168	51 521	489 495	251 644	349 662	140 195
山　东	1 224 573	1 145 916	10 841	230 518	204 152	123 786	289 914
河　南	835 250	811 375	8 983	141 164	171 481	134 861	238 891
湖　北	4 361 261	3 471 918	210 023	899 387	531 333	431 885	142 777
湖　南	2 320 384	2 104 600	79 014	613 858	373 078	321 045	178 384
广　东	3 696 884	3 377 700	47 957	763 027	222 387	362 153	121 052
广　西	1 184 068	1 154 336	11 297	271 663	200 081	151 163	134 008
海　南	345 751	339 126	1 887	5 080	7 300	10 727	4 375
重　庆	496 187	489 416	2 194	110 216	105 067	47 496	40 446
四　川	1 453 613	1 433 315	1 987	257 133	305 124	166 034	184 160
贵　州	243 262	241 484	1 614	53 025	22 340	37 953	70 432
云　南	575 233	571 345	5 835	96 274	62 815	47 558	139 070
西　藏	71	71		2			15
陕　西	155 830	149 599	233	38 052	34 340	18 900	41 655
甘　肃	15 441	15 355	841	4 788	1 317	372	4 368
青　海	16 073	15 959		96	22		139
宁　夏	180 460	178 993		52 494	18 499	10 846	76 964
新　疆	152 805	150 055		50 442	24 248	8 234	41 485

各地区淡水养殖产量（按品种分）（二）

单位：吨

地　区	1. 鱼类（续）						
	其中（续）						
	鲫鱼	鳊鲂	泥鳅	鲇鱼	鮰鱼	黄颡鱼	鲑鱼
全国总计	**2 817 989**	**833 393**	**394 691**	**382 306**	**227 454**	**480 032**	**3 089**
北　京	1 763	909	59	298	164	2	
天　津	49 942	1 796	932	1 267	513	816	
河　北	27 096	810	3 165	304	133	1 564	3
山　西	1 465	75	1	149	31		7
内蒙古	16 667	669	837	1 826	1	90	
辽　宁	71 883	3 897	9 729	35 843	108	1 819	1 147
吉　林	24 718	1 693	2 290	3 075		1 893	178
黑龙江	107 574	602	8 084	6 787	27	3 794	
上　海	30 655	6 711	127		1 697	2 722	
江　苏	622 471	174 882	52 217	7 128	962	24 536	87
浙　江	103 307	34 833	18 957	1 333	1 157	79 029	71
安　徽	185 233	92 950	40 695	18 626	10 687	32 568	2
福　建	31 651	4 049	3 393	7 857	2 102	4 054	3
江　西	195 533	66 315	92 599	53 336	11 657	52 910	138
山　东	128 500	13 218	7 779	20 199	490	2 471	
河　南	54 504	11 348	11 105	12 502	12 544	2 339	
湖　北	398 368	253 359	45 518	20 204	26 571	136 531	
湖　南	212 207	98 606	17 844	28 301	38 741	30 273	
广　东	147 787	20 419	23 358	29 094	16 293	52 766	9
广　西	32 676	1 624	2 506	26 965	11 185	4 990	
海　南	853	409	116	893			
重　庆	108 800	6 132	16 100	8 839	7 211	8 310	73
四　川	187 787	33 709	32 788	80 276	67 698	32 743	634
贵　州	9 408	2 134	2 278	6 514	10 911	2 135	65
云　南	35 632	305	1 135	7 210	2 049	820	186
西　藏	2						28
陕　西	5 245	460	500	870	660	660	30
甘　肃	859	65	3	20	9		315
青　海	46						
宁　夏	12 880	204	514	2 369	3 516	3	
新　疆	12 477	1 210	62	221	337	194	113

各地区淡水养殖产量（按品种分）（三）

单位：吨

地区	1. 鱼类（续）						
	其中（续）						
	鳟鱼	河鲀	短盖巨脂鲤	长吻鮠	黄鳝	鳜鱼	池沼公鱼
全国总计	**41 460**	**6 283**	**82 119**	**21 331**	**358 295**	**335 583**	**12 067**
北　京	1 447		5				
天　津							
河　北	1 696		9		7	10	2 700
山　西	1 343						5
内蒙古	30					15	784
辽　宁	4 819					1 856	456
吉　林	318					313	4 463
黑龙江	582					1 594	12
上　海					3	23	
江　苏		3 491	7 010	19	5 297	26 994	18
浙　江	80			45	777	11 050	4
安　徽	6	34	3 575	101	40 957	40 390	
福　建	169	338	2 968	128	749	1 538	
江　西	245		8 388	700	83 511	56 720	
山　东	128		1 638		1 413	2 338	
河　南	322		464		2 856	385	25
湖　北		5	97	1 254	172 302	79 295	
湖　南	577		7	129	32 896	21 005	
广　东	19	2 415	33 383	4 911	2 425	88 321	2
广　西	232		22 766	580	1 216	138	
海　南			1 599		53		
重　庆	2 050		53	1 842	1 197	657	
四　川	1 953		15	9 949	11 600	2 174	
贵　州	792			1 632	312	65	
云　南	4 562		122	41	359	45	70
西　藏	8						
陕　西	1 010		16		365	445	
甘　肃	1 802						4
青　海	13 817						1 839
宁　夏	1					2	
新　疆	3 452		4			210	1 685

各地区淡水养殖产量（按品种分）（四）

单位：吨

地区	1. 鱼类（续）						2. 甲壳类
	其中（续）						
	银鱼	鲈鱼	乌鳢	罗非鱼	鲟鱼	鳗鲡	
全国总计	**20 699**	**456 888**	**483 141**	**1 584 680**	**83 058**	**217 263**	**2 918 540**
北京		5	10	1 093	1 856		
天津		766		1 724			31 311
河北	261	606	68	10 045	6 455		28 440
山西	1	45	373	803	1 092		135
内蒙古	141	21	1 150	67			845
辽宁	513	34	3 198	1 248	1 240		63 397
吉林	1 169	36	963	2	131		2 628
黑龙江	1 681	10	294				6 870
上海							25 055
江苏	80	36 478	29 219	2 949	1 070	6 563	797 557
浙江	253	42 694	42 192	2 093	5 674	3 390	129 144
安徽	4 624	5 513	34 213	4 113	255	3 000	291 798
福建		9 342	1 299	111 792	3 345	83 362	69 369
江西	1 670	21 350	61 143	6 575	3 555	15 165	121 385
山东	2 212	722	78 805	7 233	11 448		70 776
河南	2 306	1 026	1 683	1 164	1 127		17 459
湖北	2 635	9 952	31 598	3 657	4 871	845	820 645
湖南	1 260	3 579	44 558	2 539	6 533	165	154 276
广东	172	296 590	133 498	722 625	2 954	103 146	263 869
广西	223	794	1 475	231 076	921	250	2 784
海南				303 756		1 370	1 637
重庆		1 937	6 758	5 139	1 957		3 619
四川	512	17 471	9 826	2 602	8 054		8 897
贵州	489	5 694	128	5 662	7 857		1 017
云南	262	318	53	155 481	9 647	7	1 104
西藏			16				
陕西	66	112	168	389	1 954		287
甘肃			1	7	535		63
青海							114
宁夏		569	24		64		1 437
新疆	169	1 224	428	846	463		2 622

各地区淡水养殖产量（按品种分）（五）

单位：吨

地区	2. 甲壳类（续）						3. 贝类	其中
	(1) 虾	其中				(2) 蟹（河蟹）		河蚌
		罗氏沼虾	青虾	克氏原螯虾	南美白对虾			
全国总计	**2 167 595**	**137 360**	**240 739**	**1 129 708**	**591 496**	**750 945**	**214 828**	**69 436**
北京								
天津	30 414		245		30 169	897		
河北	24 824		973	11	23 840	3 616		
山西	80		3		70	55		
内蒙古	273	1	121		143	572		
辽宁	12 827				11 464	50 570	2	2
吉林	476		61			2 152	3	3
黑龙江	147		107		40	6 723		
上海	17 950	2 836	188	118	13 914	7 105		
江苏	451 690	70 650	113 879	115 354	151 622	345 867	35 313	6 997
浙江	120 890	17 292	23 254	3 478	75 855	8 254	9 112	2 672
安徽	191 941	2 234	49 394	137 686	2 304	99 857	51 379	27 996
福建	68 313	1 227	1 236	275	64 924	1 056	30 465	3 801
江西	102 657	518	27 126	74 387	626	18 728	42 227	12 455
山东	55 818	137	1 599	7 483	41 962	14 958	1 124	453
河南	15 446	780	2 010	11 904	666	2 013	176	123
湖北	652 020	1 624	14 193	631 621	4 582	168 625	4 767	2 847
湖南	148 137	1 145	3 418	135 719	5 793	6 139	18 392	8 180
广东	255 125	37 492	1 643	280	160 051	8 744	14 288	2 827
广西	2 330	959	648	278	22	454	2 792	345
海南	1 637				1 416		135	
重庆	3 024	138	45	2 528	262	595	79	1
四川	8 368	136	205	7 841	186	529	3 619	602
贵州	541	44	26	198	37	476	176	54
云南	918	130	327	441	17	186	714	78
西藏								
陕西	188		2		168	99		
甘肃	23				13	40		
青海						114		
宁夏	532			66	466	905		
新疆	1 006	17	36	40	884	1 616	65	

各地区淡水养殖产量（按品种分）（六）

单位：吨

地　　区	3. 贝类（续）		4. 藻类（螺旋藻）	5. 其他类	其　中				6. 观赏鱼（万尾）
	其中（续）								
	螺	蚬			龟	鳖	蛙	珍珠（十克）	
全国总计	**98 894**	**21 746**	**7 174**	**502 625**	**45 798**	**322 102**	**91 653**	**939 182**	**415 960**
北　　京				4		4			52 726
天　　津				262		261			27 362
河　　北				3 356		3 256			6 466
山　　西				269		269			475
内 蒙 古			1 914	50					17
辽　　宁				9 419			9 419		31 254
吉　　林									30 332
黑 龙 江				69					
上　　海				583	81	464	38		42 311
江　　苏	23 645	4 587	1 120	28 680	1 636	24 039	1 543	144 822	86 234
浙　　江	3 918	189	115	129 854	13 471	106 550	5 094	804	8 429
安　　徽	22 193	1 190		40 727	5 721	30 155	3 362	353 211	14 084
福　　建	3 121	9 104	665	15 336	425	4 824	8 950	2 281	2 733
江　　西	25 050	3 528	2 704	65 022	6 901	28 688	27 470	318 147	10
山　　东	602	5		6 757	13	6 680	1		33 880
河　　南	43	10	172	6 068	94	5 939	35		25 150
湖　　北	1 648	272		63 931	8 024	48 983	6 924		818
湖　　南	8 804	141		43 116	2 083	21 819	14 990	119 917	1 169
广　　东	3 975	2 544	36	40 991	4 634	16 283	3 105		22 493
广　　西	2 217	172		24 156	2 307	18 853	484		18
海　　南				4 853	237	516	3 437		871
重　　庆	78			3 073	2	1 146	1 912		12 776
四　　川	2 785			7 782	153	2 460	4 422		5 932
贵　　州	114	4		585	8	23	144		100
云　　南	636		448	1 622	2	60	321		5 751
西　　藏									
陕　　西				5 944	6	775			3 985
甘　　肃				23		23			
青　　海									
宁　　夏				30		30			523
新　　疆	65			63		2	2		61

各地区淡水养殖产量（按水域和养殖方式分）（一）

单位：吨

地区	淡水养殖产量	按水域分			
		1. 池塘	2. 湖泊	3. 水库	4. 河沟
全国总计	**29 052 930**	**21 222 191**	**1 332 501**	**3 216 712**	**773 275**
北京	33 082	29 620			
天津	269 198	260 369		4 972	1 269
河北	304 175	241 293	4 198	52 421	1 892
山西	50 905	35 883	631	14 156	95
内蒙古	127 827	74 157	21 425	28 639	3 371
辽宁	830 000	637 382		108 417	5 507
吉林	201 046	84 594	28 045	78 821	560
黑龙江	535 662	373 855	50 500	67 598	25 272
上海	122 750	118 300	680		3 585
江苏	3 281 006	2 512 082	179 559	77 653	206 066
浙江	1 107 271	596 676	4 647	100 200	73 712
安徽	1 901 124	1 162 774	335 907	153 415	110 428
福建	752 232	517 581	4 269	153 732	36 487
江西	2 279 506	1 452 759	261 599	375 446	66 284
山东	1 224 573	934 517	54 705	202 943	10 521
河南	835 250	695 961	8 712	102 227	18 041
湖北	4 361 261	3 532 593	172 377	112 960	5 972
湖南	2 320 384	1 738 024	100 835	232 709	18 902
广东	3 696 884	3 357 127	25 696	244 854	13 868
广西	1 184 068	658 711		393 096	74 538
海南	345 751	324 502	1 024	14 135	242
重庆	496 187	452 756		34 232	1 022
四川	1 453 613	760 564	966	225 666	80 296
贵州	243 262	48 916	101	130 043	5 619
云南	575 233	287 053	5 125	227 179	4 474
西藏	71	71			
陕西	155 830	89 530	3 480	41 610	2 600
甘肃	15 441	11 415	86	2 645	10
青海	16 073	346	90	15 637	
宁夏	180 460	113 752	63 504	2 019	680
新疆	152 805	119 028	4 340	19 287	1 962

各地区淡水养殖产量（按水域和养殖方式分）（二）

单位：吨

地 区	按水域分（续）		养殖方式中		
	5. 其他	6. 稻田	1. 围栏	2. 网箱	3. 工厂化
全国总计	**560 744**	**1 947 507**	**290 820**	**826 583**	**189 380**
北 京	3 462				1 606
天 津	2 073	515			400
河 北	3 802	569	624	28 396	1 609
山 西		140	45	1 509	
内 蒙 古		235	1 336	413	182
辽 宁	31 593	47 101	1 342	49 518	807
吉 林	3 770	5 256	1 104	2 690	250
黑 龙 江	12 852	5 585	75	1 195	55
上 海		185			100
江 苏	117 015	188 631	33 939	59 808	17 860
浙 江	45 422	286 614	3 471	11 190	32 740
安 徽	36 253	102 347	174 058	73 686	9 628
福 建	27 475	12 688	1 172	20 917	51 727
江 西	41 853	81 565	26 109	66 924	14 941
山 东	19 657	2 230	28 495	35 264	22 842
河 南	2 873	7 436	3 828	38 759	2 873
湖 北	20 375	516 984			8 930
湖 南	39 696	190 218		67 025	6 570
广 东	52 419	2 920	2 534	4 046	1 453
广 西	37 794	19 929	6 890	144 449	262
海 南	5 848		254	580	60
重 庆		8 177	1 340	170	499
四 川	8 337	377 784		8 667	1 025
贵 州	16 957	41 626	767	65 652	1 292
云 南	3 334	48 068	1 015	104 033	9 738
西 藏					16
陕 西	18 450	160	2 422	25 065	532
甘 肃	1 284	1		195	596
青 海				13 814	
宁 夏		505			
新 疆	8 150	38		2 618	787

全国海洋捕捞产量

单位：吨

指　　标	2017 年	2016 年	2017 年比 2016 年增减	
			绝对量	%
海洋捕捞产量	**11 124 203**	**11 872 029**	**−747 826**	**−6. 30**
1. 鱼类	7 652 163	8 208 458	−556 295	−6. 78
2. 甲壳类	2 075 964	2 181 850	−105 886	−4. 85
其中：虾	1 352 269	1 434 420	−82 151	−5. 73
其中：毛虾	440 600	469 430	−28 830	−6. 14
对虾	180 696	162 849	17 847	10. 96
鹰爪虾	283 310	312 307	−28 997	−9. 28
虾蛄	219 087	236 761	−17 674	−7. 46
蟹	723 695	747 430	−23 735	−3. 18
其中：梭子蟹	497 763	508 824	−11 061	−2. 17
青蟹	79 491	86 809	−7 318	−8. 43
蟳	34 750	32 542	2 208	6. 79
3. 贝类	442 890	462 482	−19 592	−4. 24
4. 藻类	19 976	23 133	−3 157	−13. 65
5. 头足类	616 558	648 348	−31 790	−4. 90
其中：乌贼	136 772	133 877	2 895	2. 16
鱿鱼	320 199	349 762	−29 563	−8. 45
章鱼	110 835	124 394	−13 559	−10. 90
6. 其他类	316 652	347 758	−31 106	−8. 94
其中：海蜇	168 538	183 617	−15 079	−8. 21

全国海洋捕捞主要鱼类产量

单位：吨

指　　标	2017年	2016年	2017年比2016年增减	
			绝对量	%
海鳗	340 504	375 618	-35 114	-9.35
鳓鱼	75 167	82 838	-7 671	-9.26
鳀鱼	703 655	816 161	-112 506	-13.78
沙丁鱼	119 275	139 441	-20 166	-14.46
鲱鱼	10 887	16 514	-5 627	-34.07
石斑鱼	117 204	125 485	-8 281	-6.60
鲷鱼	153 446	164 968	-11 522	-6.98
蓝圆鲹	535 188	575 815	-40 627	-7.06
白姑鱼	94 412	102 378	-7 966	-7.78
黄姑鱼	62 771	72 808	-10 037	-13.79
鮸鱼	58 794	69 372	-10 578	-15.25
大黄鱼	68 890	79 543	-10 653	-13.39
小黄鱼	290 732	296 321	-5 589	-1.89
梅童鱼	269 839	281 996	-12 157	-4.31
方头鱼	45 842	41 865	3 977	9.50
玉筋鱼	100 690	108 984	-8 294	-7.61
带鱼	1 012 329	1 037 879	-25 550	-2.46
金线鱼	374 572	439 716	-65 144	-14.82
梭鱼	134 800	143 969	-9 169	-6.37
鲐鱼	444 839	448 603	-3 764	-0.84
鲅鱼	355 564	359 472	-3 908	-1.09
金枪鱼	58 258	49 558	8 700	17.56
鲳鱼	329 547	330 376	-829	-0.25
马面鲀	157 443	169 296	-11 853	-7.00
竹筴鱼	37 510	38 661	-1 151	-2.98
鲻鱼	102 102	103 894	-1 792	-1.72

全国海洋捕捞产量（按海域、渔具分）

单位：吨

指标		2017年	2016年	2017年比2016年增减	
				绝对量	%
合计		**11 124 203**	**11 872 029**	**−747 826**	**−6.30**
按捕捞海域分	渤海	698 002	735 124	−37 122	−5.05
	黄海	2 529 459	2 656 281	−126 822	−4.77
	东海	4 513 623	4 883 270	−369 647	−7.57
	南海	3 383 119	3 597 354	−214 235	−5.96
按捕捞渔具分	拖网	5 355 104	5 608 740	−253 636	−4.52
	围网	927 676	1 028 374	−100 698	−9.79
	刺网	2 420 958	2 591 242	−170 284	−6.57
	张网	1 286 275	1 414 727	−128 452	−9.08
	钓具	332 304	376 691	−44 387	−11.78
	其他渔具	801 886	852 255	−50 369	−5.91

全国淡水捕捞产量

单位：吨

指标	2017年	2016年	2017年比2016年增减	
			绝对量	%
淡水捕捞产量	**2 182 973**	**2 003 333**	**179 640**	**8.97**
1. 鱼类	1 615 758	1 451 900	163 858	11.29
2. 甲壳类	289 326	286 597	2 729	0.95
虾	244 671	238 634	6 037	2.53
蟹	44 655	47 963	−3 308	−6.90
3. 贝类	251 847	236 710	15 137	6.39
4. 藻类	373	377	−4	−1.06
5. 其他类	25 669	27 749	−2 080	−7.50
其中：丰年虫	566	2 999	−2 433	−81.13

各地区海洋捕捞产量（按品种分）（一）

单位：吨

地　区	海洋捕捞产量	1. 鱼类	其　中				
			海鳗	鳓鱼	鳀鱼	沙丁鱼	鲱鱼
全国总计	**11 124 203**	**7 652 163**	**340 504**	**75 167**	**703 655**	**119 275**	**10 887**
天　津	27 517	23 708			17 221		
河　北	234 049	138 450			52 529		
辽　宁	552 000	326 033	491	311	43 090	1 124	16
上　海	14 801	4 761	242	42			
江　苏	530 322	293 603	7 894	2 242	2 627	246	33
浙　江	3 093 263	2 116 197	80 049	11 777	74 627	10 744	1 909
福　建	1 743 208	1 268 922	61 994	11 876	71 672	7 368	3 818
山　东	1 749 591	1 214 121	19 429		403 486	5 330	
广　东	1 441 363	1 021 609	74 017	26 152	32 071	65 416	3 838
广　西	610 758	344 344	13 396	21 428		12 172	926
海　南	1 127 331	900 415	82 992	1 339	6 332	16 875	347

各地区海洋捕捞产量（按品种分）（二）

单位：吨

地　区	1. 鱼类（续）							
	其中（续）							
	石斑鱼	鲷	蓝圆鲹	白姑鱼	黄姑鱼	鮸鱼	大黄鱼	小黄鱼
全国总计	**117 204**	**153 446**	**535 188**	**94 412**	**62 771**	**58 794**	**68 890**	**290 732**
天　津								602
河　北					265	30	1 838	11 558
辽　宁	4 741	52		947	1 625	270	19 312	61 200
上　海					3		17	260
江　苏	16	89	17	3 512	7 291	1 956	383	28 775
浙　江	1 262	5 021	60 808	43 892	32 054	40 335	426	97 425
福　建	17 558	54 544	243 725	9 224	8 241	9 857	3 226	9 437
山　东		41		10 636	5 473	411	1 782	41 827
广　东	45 674	45 180	104 154	21 424	4 459	4 705	26 867	25 447
广　西	5 788	26 194	72 592	1 447	72	767		
海　南	42 165	22 325	53 892	3 330	3 288	463	15 039	14 201

各地区海洋捕捞产量（按品种分）（三）

单位：吨

地区	1. 鱼类（续）							
	其中（续）							
	梅童鱼	方头鱼	玉筋鱼	带鱼	金线鱼	梭鱼	鲐鱼	鲅鱼
全国总计	**269 839**	**45 842**	**100 690**	**1 012 329**	**374 572**	**134 800**	**444 839**	**355 564**
天　津				110		363	937	1 096
河　北	267		173	2 324		12 009	7 357	11 821
辽　宁	3 944	155	3 405	6 760		12 924	20 311	38 131
上　海	102			270			5	159
江　苏	74 882	183	336	54 111		8 613	4 970	7 711
浙　江	164 558	16 725	29 562	391 385	3 592	5 461	188 393	83 297
福　建	20 172	4 224	16 494	142 366	9 175	15 750	118 817	41 898
山　东			33 955	67 883		23 270	45 186	139 146
广　东	3 168	8 535	1 945	157 615	86 713	24 960	32 222	27 871
广　西		44		30 197	34 221	10 169	13 133	2 158
海　南	2 746	15 976	14 820	159 308	240 871	21 281	13 508	2 276

各地区海洋捕捞产量（按品种分）（四）

单位：吨

地区	1. 鱼类（续）					2. 甲壳类		
	其中（续）						(1) 虾	其中
	金枪鱼	鲳鱼	马面鲀	竹筴鱼	鲻鱼			毛虾
全国总计	**58 258**	**329 547**	**157 443**	**37 510**	**102 102**	**2 075 964**	**1 352 269**	**440 600**
天　津						1 457	1 091	271
河　北		3 032	20		5 863	47 534	33 267	8 148
辽　宁	112	2 037	373	24	4 199	108 555	72 455	20 152
上　海	2	269		67		9 757	1 154	
江　苏		34 260	1 161		11 549	154 009	51 441	27 437
浙　江	6 128	94 131	24 904	2 112	15 696	794 931	565 717	181 383
福　建	2 515	58 360	41 692	10 946	24 568	313 557	183 051	56 928
山　东		23 331	1 761	7		207 349	174 172	64 619
广　东	28 156	68 307	43 164	4 891	19 085	234 570	151 714	41 328
广　西		11 646	28 124	420	8 313	126 900	71 400	29 340
海　南	21 345	34 174	16 244	19 043	12 829	77 345	46 807	10 994

各地区海洋捕捞产量（按品种分）（五）

单位：吨

地区	2. 甲壳类（续）						
	（1）虾（续）			（2）蟹	其中		
	其中（续）						
	对虾	鹰爪虾	虾蛄		梭子蟹	青蟹	蟳
全国总计	**180 696**	**283 310**	**219 087**	**723 695**	**497 763**	**79 491**	**34 750**
天津	20		510	366	270		
河北	2 789	2 297	16 660	14 267	9 462	10	83
辽宁	3 628	5 482	32 679	36 100	14 995	3 795	11 410
上海	220	621		8 603	7 031		
江苏	2 341	8 759	8 325	102 568	92 524	3 403	1 480
浙江	24 192	176 585	49 613	229 214	176 276	3 513	7 843
福建	27 167	42 255	34 515	130 506	87 432	15 581	5 542
山东	13 642	21 465	41 729	33 177	23 838	72	2 303
广东	63 700	13 560	25 436	82 856	43 469	31 674	3 270
广西	18 114	8 313	7 344	55 500	30 314	11 387	2 116
海南	24 883	3 973	2 276	30 538	12 152	10 056	703

各地区海洋捕捞产量（按品种分）（六）

单位：吨

地区	3. 贝类	4. 藻类	5. 头足类	其中			6. 其他类	其中
				乌贼	鱿鱼	章鱼		海蜇
全国总计	**442 890**	**19 976**	**616 558**	**136 772**	**320 199**	**110 835**	**316 652**	**168 538**
天津	1 617		534	5	463	66	201	201
河北	19 786		9 740	1 581	1 650	5 117	18 539	10 624
辽宁	50 880	237	27 796	2 700	16 086	4 653	38 499	8 867
上海	2		272	48	55	169	9	
江苏	41 933	1 229	14 936	2 202	8 093	3 635	24 612	14 742
浙江	14 772	604	147 315	37 727	79 133	27 345	19 444	4 726
福建	40 115	1 714	104 725	30 449	51 258	16 157	14 175	11 800
山东	139 898	1 058	91 325	7 976	47 317	26 213	95 840	58 257
广东	54 257	6 423	76 199	18 047	33 263	14 152	48 305	16 585
广西	53 297		45 777	16 093	22 523	6 862	40 440	37 005
海南	26 333	8 711	97 939	19 944	60 358	6 466	16 588	5 731

各地区海洋捕捞产量（按海域分）

单位：吨

地　　区	海洋捕捞产量	按捕捞海域分			
		1. 渤海	2. 黄海	3. 东海	4. 南海
全国总计	**11 124 203**	**698 002**	**2 529 459**	**4 513 623**	**3 383 119**
天　　津	27 517	6 493	21 024		
河　　北	234 049	177 060	56 989		
辽　　宁	552 000	214 317	332 109	5 574	
上　　海	14 801			14 801	
江　　苏	530 322	455	472 693	57 174	
浙　　江	3 093 263		196 730	2 896 533	
福　　建	1 743 208			1 539 541	203 667
山　　东	1 749 591	299 677	1 449 914		
广　　东	1 441 363				1 441 363
广　　西	610 758				610 758
海　　南	1 127 331				1 127 331

各地区海洋捕捞产量（按渔具分）

单位：吨

地　　区	海洋捕捞产量	按捕捞渔具分					
		1. 拖网	2. 围网	3. 刺网	4. 张网	5. 钓具	6. 其他
全国总计	**11 124 203**	**5 355 104**	**927 676**	**2 420 958**	**1 286 275**	**332 304**	**801 886**
天　　津	27 517	16 625	3 985	6 254	113		540
河　　北	234 049	60 892	2 226	107 787	45 092		18 052
辽　　宁	552 000	198 130	4 921	247 401	46 491	15 546	39 511
上　　海	14 801	12 617		900	1 284		
江　　苏	530 322	77 736	5 776	156 358	204 914	212	85 326
浙　　江	3 093 263	1 869 665	181 715	294 971	534 097	38 577	174 238
福　　建	1 743 208	670 599	268 362	272 669	295 445	40 305	195 828
山　　东	1 749 591	1 146 358	30 607	324 785	114 089	12 905	120 847
广　　东	1 441 363	736 851	133 828	423 585	7 027	87 167	52 905
广　　西	610 758	398 821	57 818	76 414	179	6 838	70 688
海　　南	1 127 331	166 810	238 438	509 834	37 544	130 754	43 951

各地区淡水捕捞产量（按品种分）

单位：吨

地　　区	淡水捕捞产量	1. 鱼类	2. 甲壳类			3. 贝类	4. 藻类	5. 其他类	
				虾	蟹				其中：丰年虫
全国总计	**2 182 973**	**1 615 758**	**289 326**	**244 671**	**44 655**	**251 847**	**373**	**25 669**	**566**
北　　京	3 016	3 011	5	5					
天　　津	5 534	4 607	343	283	60	181		403	26
河　　北	49 018	41 346	4 757	4 025	732	2 610		305	
山　　西	2 142	2 083	9	9				50	50
内 蒙 古	28 354	27 757	517	515	2			80	67
辽　　宁	45 600	39 225	5 158	2 429	2 729	382		835	
吉　　林	19 304	18 271	749	739	10	284			
黑 龙 江	51 640	51 078	111	111		439		12	
上　　海	1 431	1 396	19	17	2			16	
江　　苏	307 635	182 924	52 777	39 434	13 343	68 013	322	3 599	
浙　　江	113 524	77 826	9 200	7 513	1 687	24 419	28	2 051	
安　　徽	278 508	176 381	60 381	52 533	7 848	37 274		4 472	
福　　建	68 925	46 968	5 130	4 034	1 096	16 057		770	
江　　西	226 043	156 351	40 805	38 649	2 156	25 360	20	3 507	
山　　东	83 730	69 057	10 687	6 636	4 051	3 599		387	
河　　南	111 480	101 036	9 066	8 543	523	1 366		12	
湖　　北	292 961	223 378	48 371	44 749	3 622	17 713		3 499	
湖　　南	94 928	71 378	13 200	11 648	1 552	8 404		1 946	
广　　东	120 370	75 774	11 117	8 276	2 841	32 562		917	8
广　　西	104 605	86 871	6 863	5 732	1 131	9 606		1 265	
海　　南	13 295	10 796	795	586	209	1 692		12	
重　　庆	18 943	17 083	1 535	1 293	242	325			
四　　川	53 783	49 655	3 471	3 181	290	510		147	
贵　　州	11 520	10 248	1 153	1 048	105	73		46	
云　　南	55 949	51 628	2 618	2 530	88	970	2	731	
西　　藏	383	47						336	336
陕　　西	7 200	6 889	110	100	10	8	1	192	
甘　　肃									
青　　海									
宁　　夏	429	416	13		13				
新　　疆	12 723	12 278	366	53	313			79	79

各地区远洋渔业

单位：吨、万元

地区	远洋捕捞产量	运回国内量	境外出售量	远洋渔业总产值	2017年比2016年增减：远洋捕捞产量	运回国内量	境外出售量	远洋渔业总产值
全国总计	**2 086 200**	**1 236 247**	**849 953**	**2 357 800**	**98 688**	**132 475**	**−33 787**	**402 419**
北京	9 000	8 334	666	10 500	−4 514	−1 106	−3 408	−1 796
天津	11 900	8 726	3 174	10 400	−1 317	−1 587	270	−16
河北	48 200	2 762	45 438	13 300	609	−12 208	12 817	1 921
辽宁	285 400	104 136	181 264	271 200	−95	8 144	−8 239	26 542
上海	129 900	78 384	51 516	170 700	4 977	10 367	−5 390	36 881
江苏	26 200	14 332	11 868	27 200	6 100	354	5 746	6 529
浙江	467 900	443 339	24 561	568 600	53 495	85 673	−32 178	158 186
福建	428 200	219 929	208 271	328 200	137 755	55 394	82 361	116 155
山东	431 300	209 749	221 551	528 300	−98 212	−45 744	−52 468	−67 094
广东	47 700	20 924	26 776	90 800	2 550	5 853	−3 303	10 734
广西	8 900	269	8 631	10 400	3 172	217	2 955	4 529
海南								
中农发集团	191 600	125 363	66 237	328 200	−5 832	27 118	−32 950	109 848

各地区水产养殖面积（一）

单位：公顷

地　区	2017 年			
	总面积	海水养殖面积	淡水养殖面积	其中：池塘
全国总计	**7 449 034**	**2 084 076**	**5 364 958**	**2 527 781**
北　京	2 928		2 928	2 869
天　津	33 345	3 206	30 139	27 261
河　北	153 484	107 583	45 901	22 324
山　西	10 748		10 748	2 422
内蒙古	137 105		137 105	19 085
辽　宁	878 700	698 400	180 300	36 401
吉　林	250 697		250 697	30 812
黑龙江	382 677		382 677	92 645
上　海	15 621		15 621	14 117
江　苏	632 151	192 390	439 761	297 719
浙　江	273 998	75 954	198 044	71 868
安　徽	477 177		477 177	183 607
福　建	241 921	155 739	86 182	34 918
江　西	412 784		412 784	161 030
山　东	833 586	610 377	223 209	110 429
河　南	146 620		146 620	111 952
湖　北	797 575		797 575	531 167
湖　南	417 478		417 478	240 463
广　东	473 771	161 690	312 081	232 031
广　西	181 966	47 022	134 944	59 247
海　南	61 101	31 715	29 386	20 296
重　庆	82 204		82 204	52 288
四　川	188 395		188 395	95 725
贵　州	35 177		35 177	5 918
云　南	93 493		93 493	22 937
西　藏	4		4	4
陕　西	42 900		42 900	10 211
甘　肃	6 500		6 500	1 394
青　海	17 400		17 400	139
宁　夏	35 097		35 097	15 053
新　疆	132 431		132 431	21 449

各地区水产养殖面积（二）

单位：公顷

地　区	2016年			
	总面积	海水养殖面积	淡水养殖面积	其中：池塘
全国总计	**7 445 543**	**2 098 103**	**5 347 440**	**2 447 068**
北　京	2 800		2 800	2 752
天　津	41 001	8 999	32 002	28 208
河　北	179 601	124 800	54 801	22 385
山　西	9 900		9 900	2 210
内蒙古	136 900		136 900	18 830
辽　宁	878 700	698 400	180 300	37 256
吉　林	181 300		181 300	29 350
黑龙江	375 400		375 400	88 173
上　海	16 300		16 300	14 747
江　苏	625 041	185 480	439 561	297 519
浙　江	280 901	78 701	202 200	71 371
安　徽	476 600		476 600	180 789
福　建	238 601	153 000	85 601	34 253
江　西	412 884		412 884	160 969
山　东	839 500	604 800	234 700	102 721
河　南	147 000		147 000	67 395
湖　北	853 064		853 064	521 083
湖　南	413 959		413 959	235 664
广　东	480 800	166 200	314 600	235 146
广　西	180 600	45 400	135 200	59 725
海　南	62 070	32 323	29 747	24 219
重　庆	80 141		80 141	50 225
四　川	181 100		181 100	90 960
贵　州	33 400		33 400	5 445
云　南	91 400		91 400	22 774
西　藏	5		5	5
陕　西	42 900		42 900	10 211
甘　肃	6 100		6 100	1 150
青　海	17 400		17 400	139
宁　夏	32 433		32 433	14 873
新　疆	127 742		127 742	16 521

各地区水产养殖面积（三）

单位：公顷

地区	2017 年比 2016 年增减			
	总面积	海水养殖面积	淡水养殖面积	其中：池塘
全国总计	**3 491**	**−14 027**	**17 518**	**80 713**
北　京	128		128	117
天　津	−7 656	−5 793	−1 863	−947
河　北	−26 117	−17 217	−8 900	−61
山　西	848		848	212
内蒙古	205		205	255
辽　宁				−855
吉　林	69 397		69 397	1 462
黑龙江	7 277		7 277	4 472
上　海	−679		−679	−630
江　苏	7 110	6 910	200	200
浙　江	−6 903	−2 747	−4 156	497
安　徽	577		577	2 818
福　建	3 320	2 739	581	665
江　西	−100		−100	61
山　东	−5 914	5 577	−11 491	7 708
河　南	−380		−380	44 557
湖　北	−55 489		−55 489	10 084
湖　南	3 519		3 519	4 799
广　东	−7 029	−4 510	−2 519	−3 115
广　西	1 366	1 622	−256	−478
海　南	−969	−608	−361	−3 923
重　庆	2 063		2 063	2 063
四　川	7 295		7 295	4 765
贵　州	1 777		1 777	473
云　南	2 093		2 093	163
西　藏	−1		−1	−1
陕　西				
甘　肃	400		400	244
青　海				
宁　夏	2 664		2 664	180
新　疆	4 689		4 689	4 928

各地区海水养殖面积（按品种分）（一）

单位：公顷

地区	海水养殖面积	1. 鱼类	2. 甲壳类	虾	其中			
					南美白对虾	斑节对虾	中国对虾	日本对虾
全国总计	**2 084 076**	**89 917**	**299 053**	**245 409**	**165 833**	**11 949**	**22 639**	**25 741**
天津	3 206	74	3 132	3 132	3 132			
河北	107 583	687	25 727	23 770	11 712		6 396	5 073
辽宁	698 400	7 207	18 767	17 486	3 388		7 199	6 005
上海								
江苏	192 390	9 649	23 013	14 633	2 949	2 460	1 701	150
浙江	75 954	3 101	24 522	10 089	7 065	191	106	431
福建	155 739	14 722	23 020	14 325	9 136	1 493	1 031	2 261
山东	610 377	8 498	88 689	80 995	60 216	443	4 611	11 003
广东	161 690	27 255	62 641	53 642	41 675	6 656	1 595	809
广西	47 022	1 265	18 850	17 785	17 683	93		9
海南	31 715	17 459	10 692	9 552	8 877	613		

各地区海水养殖面积（按品种分）（二）

单位：公顷

地区	2. 甲壳类（续）			3. 贝类	其中				
	蟹	其中			牡蛎	鲍	螺	蚶	贻贝
		梭子蟹	青蟹						
全国总计	**53 644**	**24 648**	**22 734**	**1 286 771**	**138 462**	**14 393**	**38 907**	**39 167**	**49 039**
天津									
河北	1 957	1 957		73 401			680	2 835	540
辽宁	1 281	651		516 118	21 241	1 815		20 049	2 530
上海									
江苏	8 380	8 254	126	110 571	3 230	150	19 608	3 353	4 047
浙江	14 433	2 785	9 594	32 635	3 920	41	2 477	6 198	1 626
福建	8 695	4 172	4 225	73 633	34 505	5 430	462	3 124	1 569
山东	7 694	6 257		386 559	34 953	6 259	7 498	574	34 913
广东	8 999	572	6 684	65 136	25 686	685	5 540	2 540	3 634
广西	1 065		1 065	25 929	14 622		2 597	198	180
海南	1 140		1 040	2 789	305	13	45	296	

各地区海水养殖面积（按品种分）（三）

单位：公顷

地　　区	3. 贝类（续）				4. 藻类				
	其中（续）					其　中			
	江珧	扇贝	蛤	蛏		海带	裙带菜	紫菜	江蓠
全国总计	**676**	**462 927**	**416 742**	**54 578**	**145 263**	**44 236**	**6 431**	**79 607**	**8 810**
天　　津									
河　　北		51 179	14 948	13					
辽　　宁		273 294	145 686	3 945	10 916	5 814	5 102		
上　　海									
江　　苏		106	71 157	4 391	47 775	520		47 255	
浙　　江		74	5 021	12 673	15 329	865		13 709	4
福　　建		231	13 733	13 103	41 059	18 529		15 178	5 765
山　　东	64	131 678	142 430	18 573	27 098	18 397	1 313	2 978	1 299
广　　东	612	5 821	16 011	1 780	2 365	111	16	487	1 334
广　　西		184	6 310	100					
海　　南		360	1 446		721				408

各地区海水养殖面积（按品种分）（四）

单位：公顷

地　　区	4. 藻类（续）				5. 其他				
	其中（续）					其　中			
	麒麟菜	石花菜	羊栖菜	苔菜		海参	海胆	海水珍珠	海蜇
全国总计	**345**		**1 095**	**20**	**263 072**	**219 163**	**14 366**	**2 486**	**16 272**
天　　津									
河　　北					7 768	7 718			25
辽　　宁					145 392	123 820	6 489		13 544
上　　海									
江　　苏					1 382	637			701
浙　　江			705	20	367	27			177
福　　建			359		3 305	1 740			1 452
山　　东					99 533	84 910	5 536		347
广　　东	34		31		4 293	311	2 341	1 615	26
广　　西					978			871	
海　　南	311				54				

各地区海水养殖面积（按水域和养殖方式分）（一）

单位：公顷

地区	海水养殖面积	按养殖水域分			养殖方式中	
		1. 海上	2. 滩涂	3. 其他	1. 池塘	2. 普通网箱（平方米）
全国总计	**2 084 076**	**1 102 887**	**658 275**	**322 914**	**400 033**	**48 881 971**
天　津	3 206			3 206	3 205	
河　北	107 583	57 813	28 177	21 593	21 250	
辽　宁	698 400	496 584	116 801	85 015	80 952	841 032
上　海						
江　苏	192 390	51 179	120 354	20 857	36 481	
浙　江	75 954	20 671	30 975	24 308	24 409	816 835
福　建	155 739	79 969	49 664	26 106	27 468	40 904 554
山　东	610 377	315 390	220 865	74 122	111 352	1 627 355
广　东	161 690	49 477	64 221	47 992	63 799	2 877 146
广　西	47 022	15 687	16 848	14 487	17 309	631 989
海　南	31 715	16 117	10 370	5 228	13 808	1 183 060

各地区海水养殖面积（按水域和养殖方式分）（二）

单位：公顷

地区	养殖方式中（续）				
	3. 深水网箱（立方米）	4. 筏式	5. 吊笼	6. 底播	7. 工厂化（立方米）
全国总计	**12 184 609**	**346 942**	**118 681**	**875 712**	**31 051 119**
天　津					225 820
河　北		51 854		16 600	3 342 330
辽　宁	534 974	53 028	9 938	468 315	2 888 668
上　海					
江　苏	10 500	50 633	300	90 915	699 046
浙　江	1 249 038	16 937	98	20 119	1 394 523
福　建	323 908	44 809	6 956	16 797	10 845 659
山　东	1 970 068	108 894	97 234	219 589	10 536 221
广　东	802 119	15 224	3 898	33 185	756 246
广　西	1 140 709	5 563	177	8 569	2 800
海　南	6 153 293		80	1 623	359 806

各地区淡水养殖面积（按水域和养殖方式分）（一）

单位：公顷

地　区	淡水养殖面积	按水域			
		1. 池塘	2. 湖泊	3. 水库	4. 河沟
全国总计	**5 361 958**	**2 527 781**	**886 492**	**1 615 407**	**213 735**
北　京	2 928	2 869			
天　津	30 139	27 261		2 336	359
河　北	45 901	22 324	1 603	20 864	786
山　西	10 748	2 422	1 151	7 156	19
内蒙古	137 105	19 085	46 229	66 054	5 737
辽　宁	180 300	36 401		85 028	6 278
吉　林	250 697	30 812	84 415	135 315	150
黑龙江	382 677	92 645	118 523	146 333	18 540
上　海	15 621	14 117	348		1 156
江　苏	439 761	297 719	67 227	16 515	45 490
浙　江	198 044	71 868	2 210	95 754	23 231
安　徽	477 177	183 607	163 821	77 537	42 580
福　建	86 182	34 918	727	44 368	4 273
江　西	412 784	161 030	95 267	138 632	14 494
山　东	223 209	110 429	9 902	95 621	4 373
河　南	146 620	111 952	3 350	24 080	7 231
湖　北	797 575	531 167	136 662	122 584	2 813
湖　南	417 478	240 463	60 508	114 604	910
广　东	312 081	232 031	3 812	66 893	1 454
广　西	134 944	59 247		68 276	5 498
海　南	29 386	20 296	199	8 700	33
重　庆	82 204	52 288		28 496	1 420
四　川	188 395	95 725	4 750	70 470	17 305
贵　州	35 177	5 918	99	23 877	2 805
云　南	93 493	22 937	8 937	59 871	1 229
西　藏	4	4			
陕　西	42 900	10 211	6 420	24 490	1 519
甘　肃	6 500	1 394	25	4 985	4
青　海	17 400	139	4 233	13 028	
宁　夏	35 097	15 053	17 540	2 030	474
新　疆	132 431	21 449	48 534	51 510	3 574

各地区淡水养殖面积（按水域和养殖方式分）（二）

单位：公顷

地区	按水域（续）		养殖方式中		
	5. 其他	6. 稻田	1. 围栏（平方米）	2. 网箱（平方米）	3. 工厂化（立方米）
全国总计	**121 543**	**1 682 689**	**1 138 294 251**	**69 810 644**	**39 899 956**
北京	59				354 566
天津	183	2 784			155 235
河北	324	1 483	2 240 000	4 099 120	1 203 665
山西		267	9 900	62 754	
内蒙古		4 504	60 565 000	10 266	20 000
辽宁	52 593	51 773	442 144	669 769	164 862
吉林	5	25 278	217 272	62 300	36 300
黑龙江	6 636	33 345	1 420 000	103 000	1 200
上海		62			27 380
江苏	12 810	131 802	40 460 400	6 603 389	2 466 822
浙江	4 981	73 134	4 425 643	1 028 665	7 965 102
安徽	9 632	84 769	705 416 571	16 876 071	860 140
福建	1 896	15 335	87 232	784 602	11 879 730
江西	3 361	50 397	135 257 469	7 206 324	1 940 031
山东	2 884	2 020	39 548 468	7 601 615	2 351 173
河南	7	15 820	77 648 060	673 931	173 634
湖北	4 349	334 890			2 688 000
湖南	993	221 524		2 561 123	349 121
广东	7 891	3 293	875 138	196 095	38 327
广西	1 923	47 670	36 643 936	11 405 847	1 200
海南	158		2 283	26 800	15 000
重庆		33 719	13 721 500	10 000	35 490
四川	145	309 643		601 510	639 400
贵州	2 478	121 055	887 875	3 484 388	91 095
云南	519	112 349	3 399 470	3 230 517	1 769 832
西藏					144
陕西	260	3 155	15 025 890	2 104 560	4 402 650
甘肃	92	3		56 309	64 359
青海				326 545	
宁夏		1 757			
新疆	7 364	858		25 144	205 498

全国水产苗种数量

指　　标	计量单位	2017年	2016年	2017年比2016年增减	
				绝对量	%
淡水鱼苗产量	**亿尾**	**13 189**	**13 005**	**184**	**1.42**
其中：罗非鱼	亿尾	222	241	-19	-7.77
淡水鱼种产量	吨	3 697 172	3 950 487	-253 315	-6.41
投放鱼种产量	吨	4 187 797	4 375 591	-187 794	-4.29
河蟹育苗量	千克	843 890	850 938	-7 048	-0.83
扣蟹	千克	58 328 556	53 510 765	4 817 791	9.00
稚鳖数量	万只	60 757	63 298	-2 541	-4.01
稚龟数量	万只	12 518	11 967	551	4.60
鳗苗捕捞量	千克	17 130	15 557	1 573	10.11
海水鱼苗产量	**万尾**	**1 292 903**	**893 711**	**399 192**	**44.67**
其中：大黄鱼	万尾	391 472	377 914	13 558	3.59
鲆鱼	万尾	38 743	52 364	-13 621	-26.01
虾类育苗量	亿尾	12 518	10 752	1 766	16.42
其中：南美白对虾	亿尾	9 552	8 028	1 523	18.97
贝类育苗量	万粒	248 406 382	238 849 481	9 556 902	4.00
其中：鲍鱼育苗量	万粒	741 643	713 935	27 708	3.88
海带育苗量	亿株	484	476	8	1.76
紫菜育苗量	亿贝壳	13	12		2.49
海参	亿头	528	631	-103	-16.33

各地区水产苗种数量（一）

地　　区	淡水鱼苗（亿尾）	其中：罗非鱼（亿尾）	淡水鱼种（吨）	投放鱼种（吨）	河蟹育苗（千克）	扣蟹（千克）
全国总计	**13 189.37**	**222.37**	**3 697 172**	**4 187 797**	**843 890**	**58 328 556**
北　　京	15.91		6 549	6 133		
天　　津	54.00		16 843	30 102	1 630	152 000
河　　北	49.30	0.27	23 936	32 383	400	75 105
山　　西	2.95	0.13	3 982	6 764		
内 蒙 古	3.25		9 622	14 356		
辽　　宁	121.00	3.00	103 940	103 010	70 000	18 511 050
吉　　林	12.76		12 542	18 803		72 139
黑 龙 江	13.00		46 366	54 418		
上　　海	14.14		9 592	20 410		6 461 000
江　　苏	631.90	0.11	309 695	452 094	761 230	8 983 243
浙　　江	170.93	1.02	45 685	82 512	20	40 226
安　　徽	450.51	0.62	308 945	385 951		14 002 171
福　　建	33.56	8.74	17 427	39 519		
江　　西	378.99	2.31	299 486	427 765		307 748
山　　东	114.88	0.89	101 023	148 767	5 960	82 023
河　　南	68.00		102 295	113 473		92 393
湖　　北	1 165.17		1 113 338	1 074 731		9 160 648
湖　　南	284.94		313 486	275 107		
广　　东	8 484.87	104.52	321 853	175 361		
广　　西	443.63	19.71	123 381	141 856		13
海　　南	72.07	65.72	2 787	6 231		
重　　庆	85.10	1.55	85 653	101 919		
四　　川	265.49	0.66	174 179	243 666		
贵　　州	75.05	0.05	15 629	30 608		70 608
云　　南	107.32	12.47	64 925	135 631		46 269
西　　藏	0.02		2	2		
陕　　西	19.54	0.32	14 020	13 560		18 000
甘　　肃	0.74	0.01	2 355	2 566		3 345
青　　海	0.05			50		4 000
宁　　夏	10.81		33 601	35 588		
新　　疆	39.49	0.27	14 035	14 461	4 650	246 575

各地区水产苗种数量（二）

地区	稚鳖（万只）	稚龟（万只）	鳗苗捕捞（千克）	海水鱼苗（万尾）	其中	
					大黄鱼（万尾）	鲆鱼（万尾）
全国总计	**60 757. 08**	**12 518. 17**	**17 130**	**1 292 902. 94**	**391 472. 10**	**38 742. 70**
北京	10. 50	5. 00				
天津	108. 00			2 050. 00		1 290. 00
河北	1 276. 50			3 891. 00		2 152. 00
山西	200. 00					
内蒙古						
辽宁	2. 00			3 086. 00		2 820. 00
吉林						
黑龙江						
上海	5. 00	36. 00	266			
江苏	4 065. 00	925. 00	6 585	11 485. 00	100. 00	77. 00
浙江	11 874. 00	679. 00	2 835	23 052. 00	15 575. 00	
安徽	5 529. 19	893. 11				
福建	131. 00	382. 00	6 644	783 982. 00	375 579. 00	620. 00
江西	10 140. 22	4 814. 68				
山东	2 186. 00			82 887. 00		31 442. 00
河南	1 745. 00	13. 00				
湖北	7 072. 00	2 653. 00				
湖南	2 651. 60	1 005. 13				
广东	6 791. 00	564. 00	800	361 575. 00	186. 50	341. 70
广西	6 136. 92	539. 39		37. 94	31. 60	
海南				20 857. 00		
重庆	66. 80	1. 10				
四川	300. 31	6. 56				
贵州	3. 55	1. 20				
云南	0. 08					
西藏						
陕西	462. 00					
甘肃	0. 26					
青海						
宁夏						
新疆	0. 15					

各地区水产苗种数量（三）

地　　区	虾类育苗（亿尾）	其中：南美白对虾（亿尾）	贝类育苗（万粒）	其中：鲍鱼（万粒）	海带（亿株）	紫菜（亿贝壳）	海参（亿头）
全国总计	**12 517.99**	**9 551.81**	**248 406 382**	**741 643**	**484.46**	**12.76**	**528.09**
北　　京							
天　　津	247.20	233.70	5 000				
河　　北	336.45	313.60	924 000				7.83
山　　西							
内 蒙 古							
辽　　宁	173.00	106.00	7 291 528	13 628	6.00		209.00
吉　　林							
黑 龙 江							
上　　海							
江　　苏	249.26	224.47				4.67	
浙　　江	397.00	10.31	13 836 475			2.16	
安　　徽	92.50		83 882				
福　　建	2 529.68	2 030.94	157 859 679	598 678	285.46	5.88	0.20
江　　西	7.69		13 015				
山　　东	1 800.00	1 258.00	68 021 516	13 963	93.00		310.97
河　　南	1.72						
湖　　北	405.30		94				
湖　　南							
广　　东	4 100.00	3 200.00	255 032	115 054	100.00	0.05	0.09
广　　西	199.46	197.80	30 250	240			
海　　南	776.85	776.85	85 912	80			
重　　庆	1.30						
四　　川	0.09						
贵　　州							
云　　南	0.35	0.01					
西　　藏							
陕　　西							
甘　　肃	0.11	0.10					
青　　海							
宁　　夏							
新　　疆	1 200.03	1 200.03					

各地区机动渔船年末拥有量

地 区	2017 年			2016 年			2017 年比 2016 年增减		
	艘	总吨	千瓦	艘	总吨	千瓦	艘	总吨	千瓦
全国总计	**599 331**	**10 386 349**	**21 089 027**	**654 154**	**10 540 576**	**22 368 100**	**−54 823**	**−154 227**	**−1 279 073**
北 京	34	10 252	14 621	30	10 244	14 166	4	8	455
天 津	3 122	38 309	93 440	3 411	38 789	99 877	−289	−480	−6 437
河 北	8 155	241 771	498 810	11 471	260 948	562 939	−3 316	−19 177	−64 129
山 西	194	338	2 765	236	429	3 221	−42	−91	−456
内蒙古	1 266	2 206	18 006	1 296	2 178	17 948	−30	28	58
辽 宁	34 136	739 946	1 527 946	37 000	779 302	1 571 980	−2 864	−39 356	−44 034
吉 林	4 619	7 201	82 973	4 445	6 933	80 837	174	268	2 136
黑龙江	11 664	21 544	119 636	11 924	16 510	113 881	−260	5 034	5 755
上 海	871	112 949	171 918	941	116 987	178 393	−70	−4 038	−6 475
江 苏	111 458	1 000 367	2 135 273	120 611	997 930	2 215 529	−9 153	2 437	−80 256
浙 江	34 043	3 002 425	4 508 048	39 710	3 034 077	4 668 378	−5 667	−31 652	−160 330
安 徽	23 278	197 806	356 567	27 258	247 620	415 622	−3 980	−49 814	−59 055
福 建	54 758	1 249 477	2 710 948	58 073	1 213 986	2 760 306	−3 315	35 491	−49 358
江 西	31 353	151 811	429 675	31 904	153 496	441 148	−551	−1 685	−11 473
山 东	65 894	1 223 532	2 531 593	69 782	1 242 363	2 591 289	−3 888	−18 831	−59 696
河 南	4 175	15 997	69 474	4 215	16 011	69 624	−40	−14	−150
湖 北	43 371	83 452	353 802	50 661	115 188	421 978	−7 290	−31 736	−68 176
湖 南	34 968	79 231	318 757	45 759	110 392	846 183	−10 791	−31 161	−527 426
广 东	58 232	1 021 245	2 328 333	60 593	973 149	2 442 331	−2 361	48 096	−113 998
广 西	25 028	485 506	881 529	25 436	475 401	885 087	−408	10 105	−3 558
海 南	25 026	505 002	1 389 831	25 998	531 571	1 418 151	−972	−26 569	−28 320
重 庆	5 498	16 334	69 014	5 540	16 087	68 966	−42	247	48
四 川	8 192	8 754	65 578	7 499	9 743	69 929	693	−989	−4 351
贵 州	4 903	7 802	75 554	5 280	8 314	78 596	−377	−512	−3 042
云 南	1 555	5 716	29 353	1 545	5 342	25 614	10	374	3 739
西 藏									
陕 西	814	3 732	11 836	911	4 987	15 077	−97	−1 255	−3 241
甘 肃	39	112	2 019	39	112	2 019			
青 海	1 127	1 198	13 789	1 127	1 198	13 789			
宁 夏	31	131	1 914	29	125	1 888	2	6	26
新 疆	1 206	4 244	21 050	1 104	3 569	17 937	102	675	3 113
中农发集团	321	147 959	254 975	326	147 595	255 417	−5	364	−442

七、农产品加工业

全国规模以上农产品加工业主要经济指标（一）

单位：个、亿元、万人

指标名称	企业数	主营业务收入	主营业务成本	利润总额	出口交货值	从业人员数
农产品加工业总计	82 472	194 001.96	160 953.44	12 925.67	10 979.82	1 516.87
食用类加工业总计	44 893	119 793.36	95 781.53	8 670.33	4 538.20	794.08
粮食加工与制造业	12 112	24 928.70	21 669.57	1 460.25	275.08	171.06
其中：谷物磨制	6 729	12 685.70	11 431.60	593.36	30.48	56.47
淀粉及淀粉制品制造	884	2 674.69	2 344.99	118.18	46.87	16.56
米、面制品制造	693	1 246.27	1 091.41	71.58	27.03	9.85
速冻食品制造	534	1 040.12	894.21	59.53	46.43	11.40
饲料加工业	4 296	11 244.17	10 082.29	555.31	46.04	51.74
粮食原料酒制造业	2 292	8 417.87	5 717.32	1 225.31	66.12	68.89
植物油加工业	2 125	9 831.31	9 163.34	321.69	40.93	27.66
其中：食用植物油加工	1 980	9 630.05	8 982.30	313.99	34.87	26.55
果蔬加工业	5 779	9 317.29	7 938.18	641.50	1 239.33	81.59
其中：蔬菜加工	2 375	3 655.59	3 182.25	231.03	637.01	31.82
水果和坚果加工	1 326	1 928.62	1 659.84	124.90	215.14	15.58
蔬菜、水果罐头制造	664	1 133.40	992.44	63.69	255.35	13.73

全国规模以上农产品加工业主要经济指标（二）

单位：个、亿元、万人

指标名称	企业数	主营业务收入	主营业务成本	利润总额	出口交货值	从业人员数
精制茶加工业	2 180	2 272.88	1 857.59	173.94	78.94	24.24
肉类加工业	4 263	13 417.41	12 012.31	642.20	272.94	100.22
其中：牲畜屠宰	1 404	5 192.68	4 677.80	239.89	42.93	27.56
禽类屠宰	778	3 163.19	2 889.45	118.67	94.74	31.91
蛋品加工业	216	334.81	290.48	18.84	10.08	2.43
乳品加工业	611	3 590.41	2 845.00	244.87	5.45	23.20
水产品加工业	2 281	5 480.97	4 881.20	308.88	1 558.83	46.15
制糖业	291	1 120.06	920.27	114.55	0.20	10.82
烟草制造业	132	8 898.19	2 554.35	972.05	39.40	18.39
中药制造业	2 919	7 901.18	5 435.08	860.66	88.26	69.65
其他食用类农产品加工业	5 396	13 038.12	10 414.53	1 130.28	816.55	98.04
棉麻加工业	9 130	21 527.02	19 523.87	1 058.05	970.66	203.85
皮毛羽丝加工业	5 984	9 843.70	8 676.50	558.99	1 594.72	118.49
木竹藤棕草加工业	19 551	34 236.77	29 569.33	2 153.61	2 301.17	322.52
橡胶制品制造业	2 914	8 601.10	7 402.21	484.68	1 575.06	77.92

八、农　垦

全国农垦生产建设综合情况（一）

项　目	单　位	2017年	2016年	2017年比2016年增减	
				绝对量	%
基本情况					
农垦国有企业	个	6 642	6 263	379	6.1
农场	个	1 758	1 781	−23	−1.3
工业企业	个	1 405	1 186	219	18.5
建筑企业	个	493	516	−23	−4.5
运输企业	个	489	191	298	156.0
商业企业	个	2 497	2 589	−92	−3.6
总人口	万人	1 455.58	1 442.70	12.88	0.9
职工总数	万人	271.54	276.67	−5.13	−1.9
#在岗职工人数	万人	257.57	261.75	−4.18	−1.6
耕地面积	千公顷	6 455.72	6 446.93	8.79	0.1
当年造林	千公顷	121.63	73.56	48.07	65.3
橡胶面积	千公顷	418.84	453.63	−34.79	−7.7
农垦生产总值	亿元	7 913.62	7 365.49	548.13	7.4
第一产业增加值	亿元	1 907.51	1 800.87	106.64	5.9
第二产业增加值	亿元	3 570.30	3 338.82	231.48	6.9
第三产业增加值	亿元	2 435.81	2 225.80	210.01	9.4
工农业总产值	亿元	14 005.34	13 065.15	940.19	7.2
农业总产值	亿元	3 837.18	3 457.79	379.39	11.0
工业总产值	亿元	10 168.16	9 607.36	560.80	5.8
农垦人均生产总值	元/(人·年)	56 208	52 608	3 600	6.8
工资总额	亿元	932.20	881.04	51.56	5.8
职工平均工资	元/(人·年)	34 330	31 844	2 486	7.8
在岗职工平均工资	元/(人·年)	35 860	33 330	2 530	7.6
人均纯收入	元/(人·年)	17 470	15 488	1 982	12.8
固定资产投资总额	亿元	5 231.10	4 820.80	410.30	8.5

注：表中价值量指标均按当年价格计算，增长速度按可比价格计算。

全国农垦生产建设综合情况（二）

项　目	单　位	2017年	2016年	2017年比2016年增减	
				绝对量	%
主要农作物面积产量					
农作物总播种面积	千公顷	6 851.27	6 930.12	-78.85	-1.1
粮食作物面积	千公顷	4 894.11	4 996.33	-102.22	-2.0
粮食作物总产量	万吨	3 515.49	3 483.15	32.34	0.9
棉花面积	千公顷	796.35	732.07	64.28	8.8
棉花总产量	万吨	208.58	187.69	20.89	11.1
油料作物面积	千公顷	337.21	361.22	-24.01	-6.6
油料作物总产量	万吨	76.57	81.71	-5.14	-6.3
糖料作物面积	千公顷	90.35	85.88	4.47	5.2
糖料作物总产量	万吨	774.78	734.53	40.25	5.5
干胶总产量	万吨	27.04	28.59	-1.55	-5.4
剑麻产量（折纤维）	万吨	2.29	2.28	0.01	0.4
水果总产量	万吨	737.53	677.49	60.04	8.9
茶叶总产量	万吨	5.17	5.09	0.08	1.6
牲畜头数和畜、水产品产量					
猪年末头数	万头	1 263.67	1 239.02	24.65	2.0
大牲畜年末头数	万头	300.51	292.02	8.49	2.9
#良种及改良种奶牛	万头	143.73	137.60	6.13	4.5
羊年末只数	万只	1 369.81	1 437.23	-67.42	-4.7
肉类总产量	万吨	258.20	250.98	7.22	2.9
牛奶总产量	万吨	385.15	378.95	6.20	1.6
羊毛总产量	万吨	3.44	3.40	0.04	1.2
禽蛋总产量	万吨	54.36	50.48	3.88	7.7
鹿茸总产量	吨	67.00	76.98	-9.98	-13.0
蜂蜜总产量	吨	14 609	14 179	430.00	3.0
水产品产量	万吨	160.94	148.39	12.55	8.5

全国农垦生产建设综合情况（三）

项　目	单　位	2017 年	2016 年	2017 年比 2016 年增减	
				绝对量	%
主要农业机械、电和化肥用量					
农业机械总动力	万千瓦	3 025.93	2 965.41	60.52	2.0
大中型农用拖拉机	万台	22.15	21.62	0.53	2.5
	万千瓦	1 029.24	965.27	63.97	6.6
农用小型及手扶拖拉机	万台	30.11	26.78	3.33	12.4
	万千瓦	364.52	371.27	−6.75	−1.8
农用排灌动力机械	万台	28.69	29.43	−0.74	−2.5
	万千瓦	407.41	306.26	101.15	33.0
联合收割机	万台	6.38	9.41	−3.03	−32.2
	万千瓦	483.27	468.03	15.24	3.3
农场用电量	亿千瓦时	238.80	173.59	65.21	37.6
农用化肥施用总量	万吨	277.98	273.88	4.10	1.5
主要工业产品产量					
原煤	万吨	1 959.09	1 576.13	382.96	24.3
混配合饲料	万吨	1 077.84	1 032.44	45.40	4.4
食用植物油	万吨	439.73	410.93	28.80	7.0
机制糖	万吨	272.27	252.30	19.97	7.9
乳制品	万吨	403.14	403.80	−0.66	−0.2
#液体乳	万吨	367.08	371.15	−4.07	−1.1
饮料酒	万千升	126.09	126.36	−0.27	−0.2
#葡萄酒	万千升	7.32	7.39	−0.07	−0.9
纱	万吨	99.03	88.68	10.35	11.7
布	亿米	6.43	5.79	0.64	11.1
机制纸和纸板	万吨	56.65	57.29	−0.64	−1.1
水泥	万吨	2 026.83	2 016.47	10.36	0.5
砖	亿块	128.29	164.31	−36.02	−21.9
发电量	亿千瓦时	873.47	793.86	79.61	10.0
粮食商品量	**万吨**	**3 214.00**	**3 220.04**	**−6.04**	**−0.2**
粮食商品率	%	91.43	92.40	−0.97	
出口商品总金额	**亿元**	**694.58**	**665.43**	**29.15**	**4.4**
贸易业、餐饮业销售总额	**亿元**	**8 893.58**	**7 368.56**	**1 525.02**	**20.7**
服务业营业收入	**亿元**	**486.70**	**439.60**	**47.10**	**10.7**

各地区农垦基本情况（一）

地　区	国有企业个数（个）						总人口（人）	职工人数（人）
		农场	工业	建筑业	运输业	商业		
全国总计	**6 642**	**1 758**	**1 405**	**493**	**489**	**2 497**	**14 555 833**	**2 715 373**
北　京	147	9	34	2	3	99	60 008	43 411
天　津	96	13	26	1		56	34 016	10 175
河　北	69	33	11	5	3	17	421 885	60 709
山　西	31	24	2			5	32 195	3 829
内蒙古	177	104	21	1		51	496 047	95 505
辽　宁	230	106	7	6		111	953 557	221 604
吉　林	98	92	2			4	293 598	32 042
黑龙江	929	113	218	39	157	402	1 673 391	285 529
上　海	586	19	131	8	50	378	122 246	89 323
江　苏	51	17	18	5		11	185 955	51 771
浙　江	60	50	3			7	53 907	1 390
安　徽	88	20	11	4		53	121 699	19 967
福　建	176	112	33			31	204 512	26 425
江　西	282	156	83	16	3	24	1 316 799	358 294
山　东	33	14	6	3		10	22 808	4 214
河　南	123	96	15	1		11	185 544	28 035
湖　北	177	53	80	19	4	21	1 467 467	362 423
湖　南	294	69	127	56	13	29	732 655	146 391
广　东	329	47	94	12	11	165	389 346	43 927
广　西	210	41	78	30	5	56	416 970	25 115
海　南	507	27	38	187	209	46	845 893	68 725
重　庆	29	17	4		2	6	21 440	6 552
四　川	40	33	4			3	12 454	2 091
贵　州	42	37	5				24 533	4 374
云　南	214	43	29	3	28	111	370 622	56 256
陕　西	87	12	5	1		69	28 696	4 020
甘　肃	81	24	38	3	1	15	91 654	13 660
青　海	28	21	3			4	48 997	408
宁　夏	47	14	13	2		18	137 163	12 160
新疆（兵团）	971	178	246	88		459	3 005 309	528 242
新疆（农业）	253	41	11	1		200	314 127	41 740
新疆（畜牧）	132	121	6			5	453 382	61 580
热科院	1	1					12 279	3 327
广　州	19		3			16	1 919	1 793
南　京	5	1				4	2 760	366

各地区农垦基本情况（二）

地　　区	耕地面积（公顷）	农作物总播种面积（公顷）	农垦生产总值（万元）	农垦人均生产总值[元/(人·年)]	工农业总产值（万元）	出口商品总金额（万元）
全国总计	**6 455 717**	**6 851 274**	**79 136 166**	**56 208**	**138 190 779**	**6 945 759**
北　京	1 396	1 153	697 211	118 408	1 349 890	35 595
天　津	2 782	2 323	343 074	100 217	422 448	20 875
河　北	92 756	85 045	4 889 129	116 505	9 532 100	194 995
山　西	6 496	5 907	58 404	18 448	79 477	
内蒙古	671 765	696 277	1 208 318	24 374	1 519 564	259
辽　宁	152 598	167 454	3 426 333	36 801	7 602 260	66 240
吉　林	130 920	129 329	606 846	20 650	960 503	240
黑龙江	2 917 370	2 881 868	12 272 677	73 261	15 900 369	71 502
上　海	36 064	49 649	2 373 915	186 412	4 378 063	75 149
江　苏	64 825	154 288	1 749 429	93 656	2 953 382	20 024
浙　江	4 139	4 521	194 209	37 663	1 139 576	130 320
安　徽	30 226	55 622	251 075	20 581	497 218	
福　建	9 177	17 188	745 840	38 778	2 042 012	48 750
江　西	83 521	136 985	2 391 213	18 873	8 238 176	379 286
山　东	14 833	16 157	211 896	93 276	1 310 648	
河　南	28 988	54 388	210 007	12 649	609 988	8 188
湖　北	131 766	265 362	11 687 367	80 118	26 162 921	483 198
湖　南	67 152	153 650	1 708 226	25 790	1 747 754	26 682
广　东	37 198	44 969	1 727 574	44 600	3 521 951	791 713
广　西	33 678	32 555	5 440 840	135 602	8 594 928	98 246
海　南	36 142	38 612	1 332 549	15 603	1 459 488	763
重　庆	306	806	230 840	100 716	1 111 698	306
四　川	771	648	13 675	12 203	44 334	
贵　州	1 763	2 655	61 137	27 624	138 219	
云　南	12 337	16 910	658 033	17 782	942 993	1 466
陕　西	10 193	15 940	47 568	16 798	67 401	
甘　肃	69 585	69 709	141 124	13 385	358 256	946
青　海	155 336	34 087	39 972	13 786	59 438	
宁　夏	41 255	41 372	232 917	18 467	396 057	3 136
新疆(兵团)	1 272 401	1 360 257	23 390 728	80 113	33 693 615	4 485 181
新疆(农业)	95 850	82 324	225 384	9 958	437 646	2 700
新疆(畜牧)	241 847	233 075	465 018	11 619	820 729	
热科院	281	188	50 719	42 503	3 985	
广　州			47 814	246 083	82 547	
南　京			5 104	18 340	11 148	

各地区农垦生产总值

地　区	生产总值（万元）	第一产业	第二产业	第三产业	构成（%）第一产业	第二产业	第三产业
全国总计	**79 136 166**	**19 075 135**	**35 702 955**	**21 358 076**	**24.1**	**45.1**	**30.8**
北　京	697 211	140 651	194 307	362 252	20.2	27.9	52.0
天　津	343 074	34 302	60 987	247 785	10.0	17.8	72.2
河　北	4 889 129	518 296	2 585 506	1 785 327	10.6	52.9	36.5
山　西	58 404	13 905	24 902	19 597	23.8	42.6	33.6
内 蒙 古	1 208 318	705 352	240 604	262 361	58.4	19.9	21.7
辽　宁	3 426 333	1 118 406	1 588 209	719 718	32.6	46.4	21.0
吉　林	606 846	234 503	177 238	195 105	38.6	29.2	32.2
黑 龙 江	12 272 677	5 380 033	2 338 749	4 553 895	43.8	19.1	37.1
上　海	2 373 915	260 895	910 339	1 202 682	11.0	38.3	50.7
江　苏	1 749 429	254 044	1 056 709	438 676	14.5	60.4	25.1
浙　江	194 209	17 052	173 371	3 786	8.8	89.3	1.9
安　徽	251 075	118 021	52 040	81 014	47.0	20.7	32.3
福　建	745 840	99 654	578 741	67 446	13.4	77.6	9.0
江　西	2 391 213	285 601	1 552 000	553 612	11.9	64.9	23.2
山　东	211 896	61 034	136 216	14 647	28.8	64.3	6.9
河　南	210 007	103 647	62 428	43 933	49.4	29.7	20.9
湖　北	11 687 367	1 083 376	8 216 591	2 387 400	9.3	70.3	20.4
湖　南	1 708 226	383 518	912 281	412 427	22.5	53.4	24.1
广　东	1 727 574	582 334	691 367	453 873	33.7	40.0	26.3
广　西	5 440 840	614 266	3 330 014	1 496 560	11.3	61.2	27.5
海　南	1 332 549	763 327	105 163	464 059	57.3	7.9	34.8
重　庆	230 840	20 800	143 960	66 080	9.0	62.4	28.6
四　川	13 675	5 999	7 358	318	43.9	53.8	2.3
贵　州	61 137	14 687	46 450		24.0	76.0	
云　南	658 033	354 129	54 410	249 494	53.8	8.3	37.9
陕　西	47 568	25 962	13 665	7 941	54.6	28.7	16.7
甘　肃	141 124	78 312	42 449	20 363	55.5	30.1	14.4
青　海	39 972	32 322	4 259	3 391	80.9	10.7	8.5
宁　夏	232 917	130 158	51 986	50 773	55.9	22.3	21.8
新疆（兵团）	23 390 728	5 063 290	10 265 022	8 062 416	21.6	43.9	34.5
新疆（农业）	225 384	183 991	21 655	19 738	81.6	9.6	8.8
新疆（畜牧）	465 018	385 075	43 893	36 051	82.8	9.4	7.8
热 科 院	50 719			50 719			100.0
广　州	47 814	7 773	18 870	21 171	16.3	39.5	44.3
南　京	5 104	422	1 216	3 467	8.3	23.8	67.9

各地区农垦工农业总产值

地区	工农业总产值（万元）	农业	工业	构成（%）农业	构成（%）工业
全国总计	**138 190 779**	**36 509 148**	**101 681 631**	**26.4**	**73.6**
北京	1 349 890	477 747	872 143	35.4	64.6
天津	422 448	113 398	309 050	26.8	73.2
河北	9 532 100	915 659	8 616 441	9.6	90.4
山西	79 477	31 841	47 636	40.1	59.9
内蒙古	1 519 564	1 211 296	308 268	79.7	20.3
辽宁	7 602 260	1 800 285	5 801 975	23.7	76.3
吉林	960 503	386 586	573 917	40.2	59.8
黑龙江	15 900 369	9 165 278	6 735 091	57.6	42.4
上海	4 378 063	854 308	3 523 755	19.5	80.5
江苏	2 953 382	411 555	2 541 827	13.9	86.1
浙江	1 139 576	47 776	1 091 800	4.2	95.8
安徽	497 218	210 620	286 598	42.4	57.6
福建	2 042 012	238 990	1 803 022	11.7	88.3
江西	8 238 176	551 618	7 686 558	6.7	93.3
山东	1 310 648	94 642	1 216 006	7.2	92.8
河南	609 988	261 771	348 217	42.9	57.1
湖北	26 162 921	2 334 059	23 828 862	8.9	91.1
湖南	1 747 754	570 459	1 177 295	32.6	67.4
广东	3 521 951	1 076 861	2 445 090	30.6	69.4
广西	8 594 928	1 019 757	7 575 171	11.9	88.1
海南	1 459 488	1 340 012	119 476	91.8	8.2
重庆	1 111 698	141 200	970 498	12.7	87.3
四川	44 334	16 950	27 384	38.2	61.8
贵州	138 219	54 645	83 574	39.5	60.5
云南	942 993	721 689	221 304	76.5	23.5
陕西	67 401	42 336	25 065	62.8	37.2
甘肃	358 256	244 519	113 737	68.3	31.7
青海	59 438	55 179	4 259	92.8	7.2
宁夏	396 057	288 934	107 123	73.0	27.0
新疆(兵团)	33 693 615	10 716 919	22 976 696	31.8	68.2
新疆(农业)	437 646	370 820	66 826	84.7	15.3
新疆(畜牧)	820 729	719 292	101 437	87.6	12.4
热科院	3 985	3 985		100.0	
广州	82 547	16 755	65 792	20.3	79.7
南京	11 148	1 408	9 740	12.6	87.4

各地区农垦出口商品金额

单位：万元

地区	出口商品总金额			其中：工业品金额		
	2017年	2016年	增减（%）	2017年	2016年	增减（%）
全国总计	**6 945 759**	**6 654 251**	**4.4**	**6 376 050**	**6 246 624**	**2.1**
北京	35 595	33 607	5.9	14 382	17 019	15.5
天津	20 875	13 856	50.7	20 875	13 856	50.7
河北	194 995	170 126	14.6	192 361	161 934	18.8
山西						
内蒙古	259	330	-21.5	259	330	-21.5
辽宁	66 240	62 368	6.2	41 096	49 591	-17.1
吉林	240	240				
黑龙江	71 502	55 600	28.6	39 271	35 152	11.7
上海	75 149	66 888	12.4	64 400	64 480	-0.1
江苏	20 024	20 228	-1.0	18 342	14 514	26.4
浙江	130 320	106 165	22.8	120 420	92 837	29.7
安徽						
福建	48 750	47 982	1.6	29 387	26 607	10.4
江西	379 286	367 814	3.1	377 095	366 782	2.8
山东						
河南	8 188	8 250	-0.8			
湖北	483 198	448 392	7.8	394 694	363 748	8.5
湖南	26 682	26 285	1.5	19 001	18 810	1.0
广东	791 713	764 445	3.6	725 939	730 484	-0.6
广西	98 246	106 344	-7.6	84 552	91 811	-7.9
海南	763	2 378	-67.9		1 618	
重庆	306	306		306	306	
四川						
贵州						
云南	1 466			1 466		
陕西						
甘肃	946	889	6.4		17	
青海						
宁夏	3 136	3 150	-0.4			
新疆（兵团）	4 485 181	4 345 509	3.2	4 232 205	4 196 728	0.8
新疆（农业）	2 700	3 100	-12.9			
新疆（畜牧）						
热科院						
广州						
南京						

全国农垦农作物播种面积和产量

项目	播种面积（千公顷）		总产量（吨）		每公顷产量（千克）	
	2017年	2016年	2017年	2016年	2017年	2016年
农作物总计	**6 851.27**	**6 930.12**				
粮食	4 894.11	4 996.33	35 154 937	34 831 537	7 183	6 971
夏收粮食	414.76	499.53	2 733 606	3 014 480	6 469	6 035
稻谷	2 152.90	2 083.85	19 428 136	18 415 210	9 024	8 837
早稻	84.48	96.38	547 880	616 513	6 485	6 397
小麦	575.09	632.70	2 921 771	3 409 664	5 081	5 389
春小麦	255.28	269.32	917 706	1 261 488	3 595	4 684
玉米	1 005.78	1 222.78	9 334 262	10 357 902	9 281	8 471
谷子	8.09	5.78	33 364	24 090	4 126	4 168
高粱	19.11	17.25	126 197	98 324	6 604	5 700
大豆	962.67	836.29	2 285 294	1 659 523	2 374	1 984
薯类	69.27	63.08	803 113	567 097	11 594	8 990
油料	337.21	361.22	765 695	817 078	2 271	2 262
花生	37.80	34.14	130 557	122 049	3 455	3 575
油菜籽	197.71	175.98	355 770	316 827	1 799	1 800
向日葵	87.63	130.23	257 628	343 825	2 940	2 640
棉花	796.35	732.07	2 085 824	1 876 946	2 619	2 564
麻类	5.10	5.06	30 014	25 561	5 885	5 052
糖料	90.36	85.88	7 747 842	7 345 254	85 748	85 529
甘蔗	56.19	53.60	5 275 703	4 868 623	93 892	90 833
烟叶	1.65	7.05	3 322	8 328	2 013	1 181
药材	80.04	57.91	292 310	244 947	3 652	4 230
蔬菜、瓜类	320.09	325.86	15 482 196	15 473 625	48 368	47 485
其他农作物	347.79	328.29		2 143 840		6 530

各地区农垦主要农作物播种面积和产量（一）

地区	农作物播种面积（公顷）	粮食			稻谷		
		播种面积（公顷）	总产量（吨）	每公顷产量（千克）	播种面积（公顷）	总产量（吨）	每公顷产量（千克）
全国总计	**6 851 247**	**4 894 111**	**35 154 937**	**7 183**	**2 152 896**	**19 428 136**	**9 024**
北　京	1 153	245	1 340	5 469			
天　津	2 323	1 698	13 041	7 680	850	8 004	9 416
河　北	85 045	65 774	653 090	9 929	25 337	262 041	10 342
山　西	5 907	4 765	32 278	6 774			
内蒙古	696 277	486 004	1 989 762	4 094	6 229	59 093	9 487
辽　宁	167 454	144 079	1 402 649	9 735	91 743	998 742	10 886
吉　林	129 329	121 324	859 936	7 088	43 625	382 137	8 760
黑龙江	2 881 868	2 847 233	20 940 593	7 355	1 555 363	14 312 062	9 202
上　海	49 649	33 740	245 354	7 272	21 191	162 797	7 682
江　苏	154 288	149 976	1 167 656	7 786	74 414	656 982	8 829
浙　江	4 521	1 824	11 182	6 130	883	7 437	8 422
安　徽	55 622	51 840	332 757	6 419	15 618	148 652	9 518
福　建	17 188	8 224	47 207	5 740	4 917	30 964	6 297
江　西	136 985	104 696	722 212	6 898	97 802	692 856	7 084
山　东	16 157	14 058	86 765	6 172	3 874	27 234	7 030
河　南	54 388	42 137	286 718	6 804	903	6 453	7 146
湖　北	265 362	156 378	986 960	6 311	59 199	531 649	8 981
湖　南	153 650	98 023	646 031	6 591	85 924	593 789	6 911
广　东	44 969	7 628	54 183	7 103	4 372	29 093	6 654
广　西	32 555	2 841	16 729	5 888	625	3 576	5 722
海　南	38 612	21 946	125 385	5 713	16 946	99 077	5 847
重　庆	806	806	3 866	4 797	200	830	4 150
四　川	648	369	3 068	8 314	53	258	4 868
贵　州	2 655	1 127	6 618	5 872	418	2 263	5 414
云　南	16 910	9 470	59 125	6 243	3 433	27 436	7 992
陕　西	15 940	13 898	91 830	6 607	54	363	6 722
甘　肃	69 709	23 327	272 928	11 700			
青　海	34 087	20 259	34 532	1 705			
宁　夏	41 372	34 107	355 205	10 414	10 173	86 842	8 537
新疆（兵团）	1 360 257	281 731	2 477 495	8 794	20 611	232 042	11 258
新疆（农业）	82 324	38 960	342 375	8 788	3 788	21 592	5 700
新疆（畜牧）	233 075	105 495	884 424	8 384	4 239	42 456	10 016
热科院	188	128	1 642	12 828	112	1 417	12 652
广　州							
南　京							

各地区农垦主要农作物播种面积和产量（二）

地区	粮食（续）						
	小麦			玉米			大豆
	播种面积（公顷）	总产量（吨）	每公顷产量（千克）	播种面积（公顷）	总产量（吨）	每公顷产量（千克）	播种面积（公顷）
全国总计	**575 093**	**2 921 771**	**5 081**	**1 005 783**	**9 334 262**	**9 281**	**962 668**
北京	26	99	3 808	219	1 236	5 644	
天津	99	717	7 242	742	4 185	5 640	4
河北	10 754	44 516	4 139	16 249	112 081	6 898	239
山西	313	1 202	3 840	3 873	28 530	7 366	169
内蒙古	143 444	275 637	1 922	158 827	1 194 920	7 523	136 032
辽宁	39	204	5 231	42 912	369 759	8 617	4 506
吉林				65 447	451 019	6 891	3 545
黑龙江	17 700	64 755	3 658	445 978	4 425 886	9 924	774 023
上海	10 660	73 082	6 856				323
江苏	73 523	496 746	6 756	89	634	7 124	78
浙江	267	809	3 030	107	554	5 178	507
安徽	23 439	145 967	6 228	1 126	8 403	7 463	11 291
福建	18	121	6 722	568	2 476	4 359	722
江西	591	1 867	3 159	1 032	5 938	5 754	2 270
山东	5 225	30 851	5 904	3 706	24 787	6 688	775
河南	23 013	173 766	7 551	11 302	86 560	7 659	6 679
湖北	53 439	235 963	4 416	23 188	148 555	6 407	8 862
湖南	2 953	10 944	3 706	5 216	27 352	5 244	1 446
广东				755	3 704	4 906	195
广西				1 499	10 006	6 675	91
海南				883	5 356	6 066	248
重庆				606	3 036	5 010	
四川	40	178	4 450	42	182	4 333	3
贵州	62	87	1 403	415	1 980	4 771	12
云南	167	281	1 683	5 299	27 312	5 154	
陕西	6 168	36 776	5 962	6 743	43 594	6 465	580
甘肃	3 993	23 027	5 767	12 363	145 466	11 766	239
青海	924	5 246	5 677				
宁夏	1 224	8 095	6 614	22 506	259 809	11 544	108
新疆（兵团）	144 413	1 011 372	7 003	101 329	1 116 588	11 019	5 301
新疆（农业）	14 536	89 164	6 134	18 936	224 391	11 850	980
新疆（畜牧）	38 063	190 299	5 000	53 822	599 952	11 147	3 440
热科院				5	12	2 400	
广州							
南京							

各地区农垦主要农作物播种面积和产量（三）

地　区	粮　食（续）		棉　花			油　料	
	大　豆（续）						
	总产量（吨）	每公顷产量（千克）	播种面积（公顷）	总产量（吨）	每公顷产量（千克）	播种面积（公顷）	总产量（吨）
全国总计	**2 285 294**	**2 374**	**796 354**	**2 085 824**	**2 619**	**337 210**	**765 695**
北　京						3	4
天　津	10	2 500	47	147	3 128		
河　北	678	2 837	3 838	5 076	1 323	1 411	1 614
山　西	430	2 544	20	16	800	95	276
内 蒙 古	249 046	1 831				145 201	212 048
辽　宁	14 176	3 146				4 974	16 982
吉　林	6 895	1 945				6 518	16 987
黑 龙 江	1 893 067	2 446				6 612	8 757
上　海	394	1 220				524	1 173
江　苏	72	923	32	48	1 500		
浙　江	1 926	3 799	13	15	1 154	38	73
安　徽	27 611	2 445	69	162	2 345	578	1 718
福　建	1 773	2 456				1 141	3 041
江　西	5 748	2 532	1 482	3 376	2 277	13 768	27 651
山　东	1 777	2 293	1 476	1 446	980	57	155
河　南	18 561	2 779	397	442	1 113	6 900	24 527
湖　北	23 093	2 606	9 198	11 585	1 259	24 583	77 416
湖　南	2 772	1 917	6 009	13 822	2 300	24 093	63 180
广　东	382	1 959				2 541	6 724
广　西	504	5 538				956	3 721
海　南	865	3 488				1 591	4 483
重　庆							
四　川	29	9 667				11	17
贵　州	26	2 167				640	762
云　南						52	100
陕　西	1 304	2 248	20	75	3 750	227	1 057
甘　肃	74	310	4 319	7 661	1 774	5 035	20 558
青　海						10 016	7 591
宁　夏	202	1 870				702	2 236
新疆（兵团）	21 805	4 114	686 934	1 678 827	2 444	56 824	209 199
新疆（农业）	1 910	1 949	23 600	116 820	4 950	3 026	8 726
新疆（畜牧）	10 165	2 955	58 899	246 307	4 182	19 076	44 876
热 科 院						17	42
广　州							
南　京							

各地区农垦主要农作物播种面积和产量（四）

地　　区	油料（续）	油菜籽			糖　料		
	每公顷产量（千克）	播种面积（公顷）	总产量（吨）	每公顷产量（千克）	播种面积（公顷）	总产量（吨）	每公顷产量（千克）
全国总计	**2 271**	**197 709**	**355 770**	**1 799**	**90 356**	**7 747 842**	**85 748**
北　　京	1 333						
天　　津							
河　　北	1 144	662	468	707	330	16 394	49 679
山　　西	2 905	9	30	3 333	7	450	64 286
内 蒙 古	1 460	110 151	135 237	1 228	4 020	121 291	30 171
辽　　宁	3 414	20	88	3 400	67	3 135	46 791
吉　　林	2 606						
黑 龙 江	1 324				861	36 735	42 666
上　　海	2 240	524	1 173	2 239			
江　　苏							
浙　　江	1 921	37	72	1 946			
安　　徽	2 974	273	941	3 447	16		
福　　建	2 665	92	128	1 391	103	4 079	39 602
江　　西	2 008	9 205	15 058	1 636	280	8 494	30 336
山　　东	2 719				8	240	30 000
河　　南	3 555	355	671	1 890			
湖　　北	3 149	16 426	40 837	2 486	94	8 693	92 478
湖　　南	2 622	23 284	61 642	2 647	889	62 001	69 742
广　　东	2 646				25 423	2 150 921	84 605
广　　西	3 892				21 714	2 386 029	109 884
海　　南	2 818				3 525	222 428	63 100
重　　庆							
四　　川	1 545	11	17	1 545			
贵　　州	1 191	640	762	1 191			
云　　南	1 923	29	52	1 793	4 130	432 282	104 669
陕　　西	4 656						
甘　　肃	4 083	1 011	3 110	3 076	289	19 178	66 360
青　　海	758	7 316	4 648	635	9	700	75 000
宁　　夏	3 185						
新疆(兵团)	3 681	21 349	75 932	3 557	23 734	1 984 563	83 617
新疆(农业)	2 884	200	300	1 500	1 466	83 560	57 000
新疆(畜牧)	2 352	6 114	14 604	2 389	3 384	206 133	60 921
热 科 院	2 544				8	536	68 136
广　　州							
南　　京							

各地区农垦主要工业产品产量（一）

地　区	发电量（万千瓦时）	原煤（吨）	混配合饲料（吨）	水泥（万吨）	砖（万块）	机制纸及纸板（吨）
全国总计	**8 734 694**	**18 994 423**	**13 909 109**	**20 268 267**	**1 282 894**	**566 498**
北　京			218 634			
天　津			12 121			
河　北	262 701		477 275	243 274	20	26 334
山　西			18 050			
内 蒙 古	8 000	9 048 000	31 232	600 000	35 138	
辽　宁			200 349	394 623	7 777	65 621
吉　林	32 000		77 500	678 345		36 000
黑 龙 江	136 275	147 100	3 714 813	419 358	75 450	2 929
上　海			880 573			
江　苏			100 253		24 568	
浙　江	42 600		284 171		750	
安　徽				28 100	240	
福　建	13 095		35 265	833 458	9 036	20
江　西	74 087	792 391	31 884	156 634	67 855	73 006
山　东					37	
河　南			189 820		1 160	
湖　北	44 880		2 808 905	2 585 479	278 224	88 399
湖　南	6 965				21 552	41 638
广　东	11 107		100 942	250 807	57 628	14 534
广　西	14 545		928 254	95 000	173 089	144 844
海　南				657 000	11 394	
重　庆			341 997			
四　川						
贵　州	120		19 820			
云　南	44 193		12 600	285 036	5 621	
陕　西						
甘　肃	22 704			341 300		
青　海						
宁　夏			29 537		25 328	
新疆（兵团）	8 021 421	9 006 932	3 309 797	12 699 853	488 026	73 173
新疆（农业）			1 355			
新疆（畜牧）			80 762			
热 科 院						
广　州						
南　京			3 200			

各地区农垦主要工业产品产量（二）

地区	纱（万吨）	布（万米）	成品糖（吨）	饮料酒（千升）	乳制品（吨）	食用植物油（吨）
总计	**99.03**	**64 296**	**2 722 692**	**1 260 904**	**4 031 352**	**4 397 336**
北京					587 208	
天津				11 925	57 475	
河北		10 471		5 948	464 635	1 053
山西				578	300	
内蒙古			2 693	253	2 061	8 122
辽宁		1 149		151 932	48 130	125 977
吉林					6 500	
黑龙江				107 747	291 453	1 577 735
上海			1 473 492	115 366	1 068 009	63 654
江苏	2.60	3 800				8 238
浙江		2 842				
安徽	1.45			4 106	11 210	11 210
福建		1 480		8 992	385	500
江西	4.12	275		154 763		32 913
山东					8 412	
河南	1.74			2 709	14 761	
湖北	36.26	28 951		280 800	615 734	1 746 336
湖南	3.98	350	4 702	5 083	5 502	4 112
广东			339 925	3 316	138 973	99 347
广西			643 894	1 488	2 633	966
海南			20 766	61		80
重庆					234 349	
四川				7 406	3 114	
贵州					61 240	
云南			55 486	3 778		
陕西					2 910	
甘肃				4 234		52
青海						
宁夏				188 283	27 395	12
新疆（兵团）	48.88	14 977	181 734	202 136	240 782	716 729
新疆（农业）					2 190	300
新疆（畜牧）					67 673	
热科院						
广州					68 318	
南京						

全国农垦畜牧业生产情况

项　　目	单　位	2017年	2016年	2017年比2016年增减	
				绝对量	%
牲畜饲养					
大牲畜年末总头数	万头	300.53	292.02	8.51	2.9
#役畜	万头	8.30	8.30		
占总头数比重	%	2.80	2.80		
牛	万头	265.06	258.10	6.96	2.7
#能繁殖母畜	万头	138.50	135.62	2.88	2.1
占年末头数比重	%	52.30	52.50	-0.20	
仔畜	万头	83.02	79.12	3.90	4.9
#黄牛	万头	114.34	113.12	1.22	1.1
良种及改良奶牛	万头	143.73	137.60	6.13	4.5
马	万匹	25.59	25.09	0.50	2.0
猪年末头数	万头	1 263.67	1 239.02	24.65	2.0
能繁殖母畜	万头	151.01	149.08	1.93	1.3
占年末头数比重	%	12.00	12.00		
羊年末只数	万只	1 369.81	1 437.23	-67.42	-4.7
能繁殖母畜	万只	935.07	993.95	-58.88	-5.9
占年末只数比重	%	68.30	69.20	-0.90	
畜产品产量					
肉类总产量	万吨	258.20	250.98	7.22	2.9
出栏肉猪	万头	1 841.81	1 818.25	23.56	1.3
猪肉产量	吨	1 508 871.00	1 475 360.00	33 511.00	2.3
出栏肉牛	万头	117.17	114.43	2.74	2.4
牛肉产量	吨	172 673.00	165 466.00	7 207.00	4.4
出栏肉羊	万只	1 213.70	1 243.55	-29.85	-2.4
羊肉产量	万吨	212 252.00	213 491.00	-1 239.00	-0.6
牛奶产量	万吨	385.15	378.95	6.20	1.6
羊毛产量	万吨	3.44	3.40	0.04	1.2
蜂蜜产量	吨	14 609	14 179	430	3.0
禽蛋产量	万吨	54.36	50.48	3.88	7.7

各地区农垦主要牲畜年末存栏情况

单位：万头

地　区	大牲畜	牛	奶　牛	猪	羊
全国总计	**300.51**	**265.06**	**143.73**	**1 263.67**	**1 369.81**
北　京	9.00	9.00	9.00	5.00	
天　津	3.50	3.22	3.22	2.31	
河　北	19.56	19.22	17.44	37.65	10.60
山　西	1.08	1.07	0.89	1.08	11.04
内蒙古	36.43	32.07	22.64	13.52	267.30
辽　宁	8.46	7.71	1.88	103.16	15.36
吉　林	4.86	4.53	0.49	20.89	19.07
黑龙江	20.40	19.30	13.50	88.30	24.60
上　海	8.92	8.92	8.92	74.57	
江　苏	0.69	0.69	0.67	13.92	0.66
浙　江				3.20	0.13
安　徽	0.25	0.25	0.10	4.68	1.07
福　建	0.95	0.95	0.21	26.47	1.13
江　西	4.01	4.01	0.42	58.67	1.66
山　东	0.87	0.87	0.87	5.58	0.66
河　南	0.85	0.85	0.54	47.26	1.10
湖　北	3.60	3.60	0.70	126.46	6.48
湖　南	5.20	5.20		128.00	3.30
广　东	2.78	2.78	1.22	68.91	0.49
广　西	1.08	1.08	0.24	168.50	0.20
海　南	4.00	4.00		62.00	22.00
重　庆	3.00	3.00	3.00	11.00	
四　川	7.27	6.98	0.05	0.32	2.47
贵　州	1.62	1.60	1.53	0.50	0.50
云　南	1.02	1.01	0.07	7.98	1.25
陕　西	0.22	0.22	0.10	1.25	4.11
甘　肃	1.49	1.45	0.97	1.18	18.12
青　海	11.70	11.52	2.95	0.70	24.24
宁　夏	5.57	5.56	4.66	3.61	7.22
新疆(兵团)	56.62	50.77	24.87	167.47	548.49
新疆(农业)	7.13	4.95	2.10	7.29	33.10
新疆(畜牧)	67.63	47.93	19.78	1.91	343.36
热科院	0.04	0.04		0.33	0.11
广　州	0.71	0.71	0.71		
南　京					

各地区农垦渔业生产情况

地　　区	水产养殖面　积（公顷）	对虾养殖面　积	水产品产　量（吨）	养殖产量	对虾产量
全国总计	**307 954**	**21 129**	**1 609 429**	**1 182 218**	**61 586**
北　　京					
天　　津	909		16 747	16 747	
河　　北	15 530	10 264	113 425	96 230	26 058
山　　西	10		13	13	
内 蒙 古	4 223		4 270	2 738	
辽　　宁	58 646	3 405	402 802	232 793	2 968
吉　　林	1 039		980	662	
黑 龙 江	26 202		32 314	23 819	
上　　海	3 840		173 243	44 876	
江　　苏	3 960	501	60 391	40 633	1 847
浙　　江	947	381	4 926	2 309	1 041
安　　徽	297		6 189	2 049	
福　　建	1 793	237	22 702	18 635	790
江　　西	19 879		51 981	37 432	
山　　东	5 922	3 200	6 503	4 296	1 242
河　　南	623		7 973	7 973	
湖　　北	51 199	1 780	443 789	405 179	13 799
湖　　南	51 021		81 959	68 210	
广　　东	3 807	1 040	43 908	43 754	12 332
广　　西	1 453	161	19 069	19 069	1 069
海　　南	3 953		33 885	33 885	
重　　庆	2 150		4 000	4 000	
四　　川	4		9	9	
贵　　州	124		24	24	
云　　南	1 188		9 940	9 940	
陕　　西	32		43	43	
甘　　肃	460		67	67	
青　　海					
宁　　夏	5 843		12 047	12 047	
新疆（兵团）	38 624	160	54 203	52 978	440
新疆（农业）	2 760		1 520	1 520	
新疆（畜牧）	1 483		352	132	
热 科 院	28		150	150	
广　　州					
南　　京	6		6	6	

各地区农垦固定资产投资完成情况

单位：万元

地　　区	投资总额				新增固定资产
		第一产业	第二产业	第三产业	
全国总计	**52 310 821**	**5 164 712**	**25 715 502**	**21 430 607**	**32 787 687**
北　　京	198 360	50 630	37 594	110 136	137 943
天　　津	93 419	22 585	2 907	67 927	55 306
河　　北	5 757 264	292 370	3 829 273	1 635 621	2 813 166
山　　西	2 960	755	7	2 198	2 282
内 蒙 古	282 984	149 421	67 802	65 761	185 326
辽　　宁	2 475 546	400 207	994 449	1 080 890	983 432
吉　　林	37 952	3 197	34 060	695	33 056
黑 龙 江	1 300 146	582 746	175 602	541 798	883 749
上　　海	409 420	55 962	188 752	164 706	347 970
江　　苏	274 483	47 800	115 883	110 800	186 323
浙　　江	81 119	979	80 104	36	81 081
安　　徽	62 221	27 410	22 584	12 226	30 555
福　　建	612 841	1 862	589 163	21 816	85 694
江　　西	3 048 003	72 478	2 008 623	966 902	715 148
山　　东	286 396	59 923	162 385	64 088	286 268
河　　南	810 579	4 146	234 262	572 171	218 765
湖　　北	11 535 545	525 043	7 718 649	3 291 853	7 658 588
湖　　南	1 092 258	302 913	660 672	128 673	235 654
广　　东	257 554	58 644	99 217	99 693	140 146
广　　西	3 297 226	272 360	1 350 804	1 674 062	1 091 987
海　　南	301 743	53 982	5 634	242 127	191 975
重　　庆	59 100	7 000	35 100	17 000	40 000
四　　川	494	494			494
贵　　州	5 472	1 952	3 520		2 287
云　　南	90 030	27 909	17 033	45 088	60 525
陕　　西	14 870	9 515	2 472	2 883	4 696
甘　　肃	42 940	19 509	9 957	13 474	14 822
青　　海	1 354	1 195		159	939
宁　　夏	43 843	25 295	7 193	11 355	31 433
新疆(兵团)	19 661 510	2 008 598	7 243 815	10 409 097	16 141 062
新疆(农业)	32 190	17 038	4 433	10 719	22 100
新疆(畜牧)	97 528	59 240	12 372	25 916	83 901
热 科 院	40 421			40 421	17 962
广　　州	2 748	1 555	1 164	29	2 748
南　　京	304		17	287	304

九、农　　机

全国主要农业机械情况（一）

项　　目	单　位	2017年	2016年	2017年比2016年	
				增减量	%
农业机械总动力	**万千瓦**	**98 783.35**	**97 245.59**	**1 537.76**	**1.58**
柴油发动机动力	万千瓦	76 420.37	75 220.35	1 200.02	1.60
汽油发动机动力	万千瓦	3 747.80	3 640.67	107.13	2.94
电动机动力	万千瓦	18 527.64	18 299.66	227.98	1.25
其他机械动力	万千瓦	87.50	84.90	2.60	3.06
拖拉机及配套机械					
拖拉机数量	万台	2 304.34	2 317.02	-12.68	-0.55
大中型拖拉机数量	万台	670.08	645.35	24.73	3.83
小型拖拉机数量	万台	1 634.24	1 671.61	-37.37	-2.24
拖拉机动力	万千瓦	38 318.74	37 407.06	911.68	2.44
大中型拖拉机动力	万千瓦	22 398.94	21 057.62	1 341.32	6.37
小型拖拉机动力	万千瓦	15 919.79	16 349.43	-429.64	-2.63
拖拉机配套农具	万部	4 001.46	4 022.14	-20.68	-0.51
大中型拖拉机农具	万部	1 070.03	1 028.11	41.92	4.08
小型拖拉机农具	万部	2 931.43	2 994.03	-62.60	-2.09
种植业机械					
耕整地机械					
耕整机	万台（套）	1 062.76	998.35	64.41	6.45
机引犁	万千瓦	1 289.25	1 305.42	-16.17	-1.24
旋耕机	万台	642.18	632.91	9.27	1.46
深松机	万台	28.07	26.77	1.30	4.86
种植施肥机械					
播种机	万台	646.67	650.18	-3.51	-0.54
免耕播种机	万台	96.52	96.74	-0.22	-0.23
精少量播种机	万台	404.10	403.61	0.49	0.12
水稻种植机械					
水稻直播机	万台	2.42	2.33	0.09	3.86
水稻插秧机	万台	82.23	77.10	5.13	6.65
化肥深施机	万台	81.74	82.96	-1.22	-1.47
地膜覆盖机	万台	60.06	59.87	0.19	0.32

全国主要农业机械情况（二）

项　　目	单　位	2017 年	2016 年	2017 年比 2016 年	
				增减量	%
农用排灌机械					
农用排灌动力机械数量	万台	2 323.32	2 326.40	-3.08	-0.13
农用排灌动力机械动力	万千瓦	14 482.58	14 671.41	-188.83	-1.29
农用水泵	万台	2 232.72	2 241.29	-8.57	-0.38
节水灌溉类机械	万套	228.69	226.04	2.65	1.17
田间管理机械					
机动喷雾(粉)机	万台	618.32	629.69	-11.37	-1.81
茶叶修剪机	万台	43.18	40.22	2.96	7.36
收获机械					
联合收获机	万台	198.54	190.20	8.34	4.38
割晒机	万台	45.60	46.27	-0.67	-1.45
其他收获机械	万台	183.20	171.97	11.23	6.53
收获后处理机械					
机动脱粒机	万台	1 041.02	1 063.79	-22.77	-2.14
谷物烘干机	万台	11.87	9.32	2.55	27.31
种子加工机械	万台	4.13	4.05	0.08	1.98
保鲜储藏设备	万台(套)	13.68	12.96	0.72	5.56
设施农业设备					
水稻工厂化育秧设备	万套	1.84	1.79	0.05	2.79
温室	千公顷	2 099.95	2 128.88	-28.93	-1.36
农产品初加工机械					
农产品初加工动力机械数量	万台	1 586.13	1 555.76	30.37	1.95
农产品初加工动力机械动力	万千瓦	9 034.98	9 024.59	10.39	0.12
农产品初加工作业机械数量	万台	1 474.95	1 449.60	25.35	1.75
畜牧养殖机械	**万台(套)**	**763.49**	**743.19**	**20.30**	**2.73**
渔业机械	**万台**	**442.50**	**433.28**	**9.22**	**2.13**
林果业机械	**万台**	**46.32**	**46.07**	**0.25**	**0.54**
农田基本建设机械	**万台**	**50.21**	**50.63**	**-0.42**	**-0.83**
农业机械原值和净值					
农业机械原值	亿元	9 516.47	9 117.01	399.46	4.38
农业机械净值	亿元	6 836.13	6 582.91	253.22	3.85

全国农机化作业与服务经营情况（一）

项　　目	单位	2017 年	项　　目	单位	2017 年
农机化作业总体情况			花生机耕面积	千公顷	3 564.26
机耕面积	千公顷	123 816.66	花生机播面积	千公顷	2 347.91
机播面积	千公顷	91 813.22	花生机收面积	千公顷	1 892.68
机收面积	千公顷	96 373.25	棉花机耕面积	千公顷	3 392.78
机电灌溉面积	千公顷	53 677.14	棉花机播面积	千公顷	2 819.06
机械植保面积	千公顷	69 816.53	棉花机收面积	千公顷	1 033.98
主要农作物农机化作业情况			**单项农机化作业情况**		
小麦机耕面积	千公顷	22 464.60	机械深耕面积	千公顷	27 291.22
小麦机播面积	千公顷	21 940.61	机械深松面积	千公顷	11 121.70
小麦机收面积	千公顷	23 266.58	机械化免耕播种面积	千公顷	14 139.50
水稻机耕面积	千公顷	29 648.36	保护性耕作面积	千公顷	7 584.44
水稻机械种植面积	千公顷	14 558.07	机械深施化肥面积	千公顷	34 582.42
水稻机收面积	千公顷	26 833.03	机械铺膜面积	千公顷	9 071.37
玉米机耕面积	千公顷	25 293.05	农田机械节水灌溉面积	千公顷	16 203.61
玉米机播面积	千公顷	31 319.17	机械播种牧草面积	千公顷	1 194.96
玉米机收面积	千公顷	26 065.86	机械收获牧草数量	万吨	5 289.98
大豆机耕面积	千公顷	6 455.04	机械化秸秆还田面积	千公顷	50 032.51
大豆机播面积	千公顷	6 384.48	秸秆捡拾打捆面积	千公顷	5 060.60
大豆机收面积	千公顷	6 014.27	机械化青贮秸秆数量	万吨	9 254.46
油菜机耕面积	千公顷	5 714.71	农用飞机作业面积	千公顷	4 462.61
油菜机播面积	千公顷	1 995.52	**农产品初加工机械化作业情况**		
油菜机收面积	千公顷	2 706.80	机械脱出农产品数量	万吨	76 039.41
马铃薯机耕面积	千公顷	3 659.63	机械清选农产品数量	万吨	41 315.54
马铃薯机播面积	千公顷	1 405.70	机械保质农产品数量	万吨	35 795.97
马铃薯机收面积	千公顷	1 345.81			

全国农机化作业与服务经营情况（二）

项　　目	单位	2017年	项　　目	单位	2017年
畜牧业机械化作业情况			**设施农业机械化作业情况**		
机械收获饲草秸秆量	万吨	26 271.40	设施耕整地机械化面积	千公顷	1 509.32
机械化饲草料加工数量	万吨	31 542.66	设施种植机械化面积	千公顷	341.00
机械饲喂的畜禽数量（折算为羊单位）	万个	45 680.75	设施采运机械化面积	千公顷	181.85
机械清粪的畜禽数量（折算为羊单位）	万个	41 753.60	设施灌溉施肥机械化面积	千公顷	1 156.58
机械环控的畜禽数量（折算为羊单位）	万个	36 969.40	设施环境调控机械化面积	千公顷	520.97
机械挤奶的家畜数量（折算为羊单位）	万个	4 220.67	**农机化作业服务组织及农机户**		
机械剪毛的畜禽数量（折算为羊单位）	万个	2 662.17	农机化作业服务组织年末机构数	个	187 358
机械捡蛋的蛋禽数量（折算为羊单位）	万个	3 620.49	农机化作业服务组织年末人数	人	2 135 990
林果业机械化作业情况			农机户年末机构数	个	41 845 496
机械中耕面积	千公顷	5 400.96	农机户年末人数	人	52 677 718
机械施肥面积	千公顷	3 328.07	**农机化经营效益情况**		
机械植保面积	千公顷	8 361.92	总收入	万元	53 363 456.69
机械修剪面积	千公顷	2 082.64	成本与费用	万元	33 320 946.32
机械采收产量	万吨	403.65	利润总额	万元	20 042 510.37
机械田间转运产量	万吨	9 712.12	**农业生产燃油消耗（柴油）**	**万吨**	**3 368.55**

各地区农业机械总动力

单位：万千瓦

地　　区	农业机械总动力	柴油发动机动力	汽油发动机动力	电动机动力	其他机械动力
全国总计	**98 783.35**	**76 420.37**	**3 747.80**	**18 527.64**	**87.50**
北　　京	133.51	57.23	8.58	67.70	
天　　津	464.65	299.87	31.66	133.02	0.10
河　　北	7 580.58	5 300.47	136.89	2 143.22	
山　　西	1 376.30	1 106.27	18.46	251.57	
内 蒙 古	3 483.55	3 102.06	19.75	354.65	7.10
辽　　宁	2 215.14	1 702.70	72.50	439.54	0.40
吉　　林	3 284.65	3 011.30	40.36	232.99	
黑 龙 江	5 813.76	5 460.10	127.59	225.22	0.85
上　　海	121.84	86.38	7.84	27.62	
江　　苏	4 991.41	3 665.97	224.04	1 099.15	2.24
浙　　江	2 072.27	1 327.89	121.39	621.81	1.18
安　　徽	6 312.86	5 394.61	161.88	756.38	
福　　建	1 232.42	795.33	146.91	290.17	0.01
江　　西	2 309.60	1 790.33	101.95	417.27	0.04
山　　东	10 144.05	8 218.55	253.70	1 671.80	
河　　南	10 038.32	8 714.63	74.31	1 248.55	0.82
湖　　北	4 335.09	2 997.15	180.38	1 146.71	10.84
湖　　南	6 254.83	4 729.60	382.15	1 109.30	33.78
广　　东	2 410.77	1 540.28	201.71	660.96	7.81
广　　西	3 658.33	2 794.35	227.12	634.13	2.73
海　　南	569.80	465.86	33.59	61.67	8.68
重　　庆	1 352.60	634.79	253.94	463.13	0.75
四　　川	4 420.30	2 825.85	354.54	1 236.28	3.63
贵　　州	2 181.43	1 209.35	176.09	795.67	0.32
云　　南	3 534.53	2 567.26	150.74	816.15	0.38
西　　藏	523.09	472.94	12.48	37.67	
陕　　西	2 242.51	1 513.25	128.73	600.18	0.34
甘　　肃	2 018.59	1 468.85	40.83	507.92	1.00
青　　海	462.35	395.30	22.96	41.82	2.27
宁　　夏	605.38	470.39	9.73	124.80	0.46
新　　疆	2 638.84	2 301.47	25.01	310.59	1.77

各地区农业机械年末拥有量（一）

地区	拖拉机及配套机械					
	大中型拖拉机		小型拖拉机		大中型拖拉机配套农具	小型拖拉机配套农具
	（万台）	（万千瓦）	（万台）	（万千瓦）	（万部）	（万部）
全国总计	**670.08**	**22 398.94**	**1 634.24**	**15 919.79**	**1 070.03**	**2 931.43**
北京	0.69	28.46	0.14	1.65	0.90	0.28
天津	1.55	76.91	0.18	2.04	3.32	1.42
河北	31.47	1 376.08	128.99	1 390.45	59.79	168.78
山西	13.08	482.50	24.15	205.85	25.49	28.06
内蒙古	79.68	2 003.12	35.60	412.29	135.11	84.03
辽宁	25.07	731.70	31.95	307.59	33.63	47.33
吉林	58.43	1 585.44	61.81	599.26	91.98	186.12
黑龙江	106.06	3 103.87	54.43	593.93	144.96	108.60
上海	0.77	36.36	0.23	2.21	2.16	0.21
江苏	18.03	1 000.14	71.20	689.55	35.34	124.79
浙江	1.44	67.13	10.86	98.74	2.35	12.48
安徽	25.96	1 277.04	207.16	1 697.14	59.73	485.44
福建	0.48	20.89	9.16	97.04	0.64	13.86
江西	3.19	146.45	36.18	414.63	3.84	34.86
山东	60.40	2 416.62	187.57	1 575.55	110.26	320.60
河南	45.85	1 973.88	317.54	3 495.43	105.20	628.69
湖北	18.97	758.09	115.12	834.93	40.55	223.10
湖南	14.10	462.87	29.02	283.06	7.04	12.51
广东	3.04	121.52	31.98	275.89	4.65	36.35
广西	5.19	244.88	51.18	512.16	7.56	69.42
海南	3.52	86.01	6.45	55.57	1.56	6.72
重庆	0.52	15.28	0.89	10.80	0.38	0.42
四川	13.41	348.24	9.69	104.40	6.87	10.69
贵州	4.17	104.13	11.29	138.27	1.69	2.94
云南	32.09	784.46	37.46	379.94	6.76	35.65
西藏	12.91	275.81	13.68	164.23	13.49	8.86
陕西	12.38	462.06	21.36	209.13	22.41	31.18
甘肃	18.87	495.50	63.03	640.54	41.70	138.97
青海	1.84	48.25	25.20	249.46	1.94	28.74
宁夏	6.05	185.49	15.48	173.37	10.00	23.12
新疆	50.87	1 679.76	25.26	304.69	88.73	57.21

各地区农业机械年末拥有量（二）

地　区	种植业机械				
	耕整机（万台/套）	机引犁（万台）	旋耕机（万台）	深松机（万台）	播种机（万台）
全国总计	**1 062.76**	**1 289.25**	**642.18**	**28.07**	**646.67**
北　京	1.67	0.12	0.31	0.03	0.41
天　津	1.86	0.47	1.93	0.10	1.53
河　北	6.42	47.31	29.18	3.31	48.37
山　西	15.79	12.96	16.53	0.89	11.88
内蒙古	2.89	62.07	10.56	1.96	63.13
辽　宁	8.16	10.87	10.74	0.85	21.97
吉　林	0.58	66.15	28.74	4.05	54.93
黑龙江	4.05	48.62	24.88	3.36	66.11
上　海		0.67	0.81		0.04
江　苏	3.02	19.76	92.80	0.52	30.68
浙　江	9.12	2.34	9.89		0.06
安　徽	16.25	177.04	71.30	1.88	48.63
福　建	22.30	1.24	10.68		0.02
江　西	36.51	4.28	30.60	0.17	0.09
山　东	40.37	141.37	33.98	3.87	74.86
河　南	4.03	313.96	29.63	1.74	138.62
湖　北	49.37	84.28	71.50	0.23	6.50
湖　南	200.07	103.42	17.72	1.43	0.33
广　东	36.19	6.45	19.20	0.13	0.01
广　西	65.59	24.98	19.62	0.28	
海　南	6.92	2.01	1.47	0.05	
重　庆	84.56	0.05	0.57	0.05	0.06
四　川	159.39	7.74	20.93	0.04	2.46
贵　州	110.08	1.91	3.29	0.05	0.04
云　南	109.27	14.78	21.30	0.67	0.54
西　藏	1.02	9.04	0.67	0.02	4.78
陕　西	28.32	14.64	21.17	0.37	12.89
甘　肃	31.49	52.90	25.99	1.37	23.91
青　海	2.92	16.04	7.08	0.13	6.73
宁　夏	2.13	15.25	2.90	0.13	8.82
新　疆	2.42	26.53	6.21	0.39	18.27

各地区农业机械年末拥有量（三）

单位：万台

地　区	种植业机械					
	水　稻 直播机	水　稻 插秧机	化　肥 深施机	地　膜 覆盖机	农用排灌 动力机械	农用 水泵
全国总计	**2.43**	**82.23**	**81.74**	**60.06**	**2 323.32**	**2 232.72**
北　京		0.04	0.23	0.01	3.34	2.91
天　津		0.07	0.01	0.29	10.10	8.53
河　北		0.22	6.18	4.32	224.50	164.70
山　西			1.15	2.23	11.38	9.58
内蒙古		0.98	4.01	5.46	40.75	42.61
辽　宁	0.01	3.62	1.09	0.74	104.22	118.41
吉　林		7.95	24.21	1.04	46.97	60.31
黑龙江	0.01	29.42	2.09	1.28	39.62	48.03
上　海	0.12	0.15			1.65	1.64
江　苏	0.39	14.65	0.52	0.16	61.98	67.45
浙　江	0.06	1.29	0.24		92.51	81.27
安　徽	0.30	3.17	8.52	1.00	166.05	180.69
福　建		1.17		0.03	19.41	19.59
江　西	0.03	1.61	0.38		64.31	46.00
山　东	0.01	0.19	3.16	13.86	308.73	294.85
河　南		0.68	10.79	1.91	167.06	215.30
湖　北	0.60	7.15	2.32	0.49	106.88	111.38
湖　南	0.21	3.55	2.09	0.20	253.76	227.67
广　东		1.23	0.23		89.52	82.07
广　西		1.92	0.12	0.28	95.47	93.96
海　南	0.02	0.04	0.12		27.56	16.02
重　庆		1.28		0.01	102.52	94.98
四　川	0.01	0.93	0.38	0.27	110.58	92.01
贵　州		0.19		0.05	60.75	60.70
云　南		0.24	0.03	0.07	44.65	34.14
西　藏				0.02	0.88	0.57
陕　西	0.01	0.03	0.83	1.74	39.52	33.64
甘　肃			6.74	13.26	16.82	12.42
青　海			1.17	0.08	0.30	0.17
宁　夏	0.63	0.16	0.75	0.87	3.20	3.61
新　疆	0.01	0.30	4.38	10.39	8.33	7.51

各地区农业机械年末拥有量（四）

地区	种植业机械						
	节水灌溉类机械（万套）	机动喷雾（粉）机（万台）	茶叶修剪机（万台）	联合收获机（万台）	割晒机（万台）	其他收获机械（万台）	机动脱粒机（万台）
全国合计	**228.69**	**618.32**	**43.18**	**198.54**	**45.60**	**183.20**	**1 041.02**
北京	1.49	2.05		0.13		0.17	0.39
天津	0.18	0.93		0.57	0.02	0.51	1.97
河北	6.01	51.36		15.60	2.49	14.45	16.81
山西	1.18	4.46		2.77	0.48	3.57	5.13
内蒙古	7.72	7.50		3.51	3.00	17.39	12.56
辽宁	13.00	10.19		2.86	0.31	3.97	14.18
吉林	4.13	1.89		8.25	0.25	2.05	16.14
黑龙江	4.01	10.35		14.05	1.60	11.39	16.27
上海	0.83	2.13		0.22		0.07	0.02
江苏	6.96	63.59	0.92	17.50	0.04	18.70	8.33
浙江	2.87	21.19	5.27	1.81	0.04	1.80	25.37
安徽	20.95	47.51	8.62	20.59	2.84	9.47	33.28
福建	2.39	33.72	7.51	0.95	0.06	4.32	9.69
江西	13.42	14.92	0.36	7.90	0.02	0.92	28.72
山东	52.69	51.57	0.49	30.54	4.23	24.15	39.45
河南	21.91	29.91	1.34	27.84	5.14	31.23	52.71
湖北	12.02	71.09	9.23	9.94	2.14	10.41	36.95
湖南	4.98	39.16	0.51	12.84	0.27	2.61	119.40
广东	14.67	26.27	0.60	2.77	0.17	1.45	54.73
广西	13.85	14.79	0.31	3.43	7.83	0.78	97.50
海南	0.79	8.72	0.10	0.53	0.58	0.32	4.73
重庆	0.19	7.96	0.24	1.08	0.36	0.63	71.17
四川	2.69	37.80	3.53	3.60	2.36	2.69	169.65
贵州	2.45	5.29	1.01	0.28	0.62	2.11	65.92
云南	3.56	14.76	2.27	0.83	0.18	0.30	45.42
西藏		1.20		0.45	3.62	0.53	5.61
陕西	4.39	21.76	0.72	4.33	0.19	3.71	48.85
甘肃	2.05	5.53	0.15	1.02	2.80	3.84	28.12
青海	0.12	0.78		0.27	0.56	0.52	4.40
宁夏	0.79	0.46		0.90	0.17	1.39	2.00
新疆	6.40	9.48		1.18	3.23	7.75	5.55

各地区农业机械年末拥有量（五）

地区	种植业机械				农产品初加工机械		
	谷物烘干机（万台）	种子加工机械（万台）	保鲜储藏设备（万台/套）	温室（万平方米）	初加工动力机械（万台）	初加工动力机械（万千瓦）	初加工作业机械（万台/套）
全国总计	**11.87**	**4.13**	**13.68**	**2 099.95**	**1 586.13**	**9 034.98**	**1 474.95**
北京	0.01		0.33	15.74	0.49	4.05	0.48
天津			0.03	27.44	2.28	7.63	0.62
河北	0.08	0.11	0.13	213.51	93.38	861.57	48.18
山西	0.06	0.03	0.15	55.88	11.15	91.02	6.45
内蒙古	0.07	0.73	0.01	86.68	10.80	102.56	6.78
辽宁	0.15	0.02	0.55	232.21	20.82	130.50	15.53
吉林	0.21	0.20	0.01	22.89	16.46	155.78	13.00
黑龙江	0.28	0.58	0.01	26.73	13.31	143.96	6.26
上海	0.11	0.01	0.22	5.17	0.26	2.58	0.26
江苏	2.53	0.09	1.27	361.45	26.09	272.77	23.53
浙江	0.86	0.01	0.60	49.59	19.13	126.70	50.78
安徽	1.24	0.13	0.41	55.47	55.56	370.88	58.78
福建	0.16	0.02	1.33	11.75	71.01	227.97	62.07
江西	0.91	0.05	0.09	3.70	33.47	320.21	29.09
山东	0.25	0.24	0.68	317.05	101.00	921.99	51.31
河南	0.25	0.14	0.44	78.03	85.54	610.06	57.86
湖北	0.47	0.08	2.19	96.23	97.98	476.22	95.69
湖南	0.86	0.09	1.07	7.87	147.33	763.03	152.54
广东	0.25		0.53	16.41	30.35	246.71	25.31
广西	0.25		0.26	0.42	103.70	555.20	107.30
海南	0.02	0.24	0.23	3.10	2.69	28.28	1.97
重庆	0.29	0.05	0.23	34.62	107.88	368.93	119.24
四川	0.27	0.01	0.33	77.59	180.57	729.67	210.91
贵州	0.60		0.10	0.79	191.05	593.24	191.07
云南	0.66	0.03	0.38	29.79	92.64	468.34	88.98
西藏		0.03		3.07	1.45	5.94	1.47
陕西	0.37	0.06	1.10	86.24	44.19	219.57	27.91
甘肃	0.15	0.88	0.30	99.76	16.67	129.68	14.45
青海	0.01	0.12		7.27	1.30	10.41	1.53
宁夏	0.15	0.03	0.02	38.97	2.35	25.06	2.12
新疆	0.35	0.15	0.68	34.55	5.23	64.47	3.48

各地区农业机械年末拥有量（六）

地　区	畜牧养殖机械		渔业机械		林果业机械	
	（万台/套）	（万千瓦）	（万台）	（万千瓦）	（万台）	（万千瓦）
全国总计	**763.49**	**2 432.27**	**442.50**	**1 830.26**	**46.32**	**163.76**
北　京	1.25	9.93	1.23	4.23	0.48	1.73
天　津	0.73	5.95	5.87	13.99	0.03	0.69
河　北	15.30	103.16	6.16	57.29	0.43	4.09
山　西	12.47	40.53	0.27	1.01	0.81	4.03
内蒙古	27.54	160.23	0.32	1.64	0.30	1.75
辽　宁	19.43	77.70	6.37	17.16	0.71	4.14
吉　林	16.44	92.10	0.98	3.01	0.09	1.27
黑龙江	10.90	30.64	0.50	2.06	0.13	1.73
上　海	0.16	1.40	3.39	24.26	0.09	0.15
江　苏	16.35	104.61	100.88	210.30	2.27	9.05
浙　江	4.75	22.54	28.46	428.07	4.10	10.36
安　徽	8.19	50.58	7.65	26.63	3.84	9.81
福　建	5.47	33.93	20.04	221.64	3.04	11.61
江　西	4.87	38.85	6.69	22.10	0.89	8.84
山　东	23.06	135.82	14.85	236.82	1.44	8.54
河　南	23.84	91.78	4.12	16.89	0.40	4.24
湖　北	48.51	106.78	45.84	85.68	9.89	21.58
湖　南	25.85	108.99	16.88	40.42	1.23	12.50
广　东	16.50	82.83	116.02	296.48	2.20	11.96
广　西	36.50	87.34	10.94	17.37	0.79	3.07
海　南	0.94	4.94	7.86	29.94	0.13	2.06
重　庆	62.65	77.74	9.13	17.53	0.77	2.24
四　川	78.36	167.31	22.10	36.87	1.42	4.23
贵　州	52.76	143.43	0.20	1.20	0.74	7.51
云　南	146.64	223.65	2.45	8.82	0.55	2.35
西　藏	2.17	5.86				
陕　西	37.59	146.59	1.59	4.21	3.23	8.59
甘　肃	34.14	155.37	0.18	0.77	0.14	0.36
青　海	1.93	16.03	0.04	0.19	0.01	
宁　夏	18.15	73.83	0.75	1.53	2.25	3.16
新　疆	10.05	31.83	0.74	2.15	3.92	2.12

各地区农业机械年末拥有量（七）

地　区	农用基本建设机械（万台）	农用飞机（架）	农业机械原值和净值	
			原值（亿元）	净值（亿元）
全国总计	**50.21**	**14 883**	**9 516.47**	**6 836.13**
北　京	0.07		22.04	13.36
天　津	0.34	29	40.87	30.09
河　北	3.36	748	557.34	392.76
山　西	1.35	286	162.43	117.48
内蒙古	1.24	117	502.91	368.45
辽　宁	1.34	89	272.27	206.31
吉　林	0.38	262	392.29	286.44
黑龙江	0.49	1 156	831.94	632.06
上　海		40	69.97	25.21
江　苏	8.87	1 261	633.29	435.88
浙　江	2.68	299	257.92	163.62
安　徽	1.56	1 324	692.54	471.37
福　建	1.04	450	125.94	81.31
江　西	1.87	1 630	219.75	158.13
山　东	4.32	1 247	796.90	596.86
河　南	1.98	1 873	828.54	619.01
湖　北	2.84	624	452.92	322.00
湖　南	1.99	1 053	369.22	271.88
广　东	1.98	248	226.19	139.07
广　西	1.66	280	312.66	220.70
海　南	0.13	214	44.22	31.39
重　庆	0.82	69	115.60	89.76
四　川	1.87	296	345.40	241.54
贵　州	1.44	44	107.51	76.45
云　南	0.85	171	249.29	184.85
西　藏	0.01		52.44	32.51
陕　西	1.71	189	225.12	156.75
甘　肃	1.55	125	169.02	118.27
青　海	0.09	8	27.30	18.89
宁　夏	0.44	139	85.74	59.96
新　疆	1.94	612	326.90	273.77

十、农村能源

各地区农村能源管理推广机构情况

地　　区	机构（个）	省级	地、县级	乡级	人员（人）	省级	地、县级	乡级	#大专及以上人员
全国总计	**11 354**	**42**	**2 959**	**8 353**	**30 381**	**525**	**14 659**	**15 197**	**22 343**
北　　京	25	2	14	9	148	11	119	18	117
天　　津	6	1	5		39	4	35		26
河　　北	360	2	186	172	1 145	24	771	350	869
山　　西	392	1	118	273	1 141	17	633	491	861
内 蒙 古	402	1	95	306	1 793	40	845	908	1 211
辽　　宁	682	1	86	595	1 035	16	305	714	695
吉　　林	67	2	65		623	8	615		444
黑 龙 江	427	2	245	180	934	36	512	386	697
上　　海	1	1			4	4			4
江　　苏	225	1	89	135	667	10	414	243	538
浙　　江	83	1	82		372	20	317	35	347
安　　徽	233	2	123	108	635	26	468	141	524
福　　建	317	1	80	236	496	15	204	277	314
江　　西	1 119	1	109	1 009	1 677	16	421	1 240	1 268
山　　东	813	2	160	651	2 294	18	666	1 610	1 561
河　　南	508	1	168	339	1 704	29	1 009	666	1 289
湖　　北	438	1	108	329	1 430	30	723	677	921
湖　　南	180	2	138	40	819	11	768	40	637
广　　东	81	1	80		100	10	90		100
广　　西	316	1	122	193	997	19	642	336	752
海　　南	90	1	22	67	493	17	178	298	274
重　　庆	677	1	38	638	1 093	9	202	882	812
四　　川	1 073	1	193	879	2 277	26	980	1 271	1 791
贵　　州	1 008	2	96	910	2 395	12	439	1 944	1 804
云　　南	841	2	148	691	2 286	13	795	1 478	1 548
西　　藏	193	1	72	120	311	5	151	155	185
陕　　西	273	1	113	159	1 444	5	1 010	429	1 064
甘　　肃	381	1	92	288	1 386	27	808	551	1 115
青　　海	21	1	20		178	7	161	10	143
宁　　夏	47	1	24	22	228	23	163	42	211
新　　疆	75	3	68	4	237	17	215	5	221

各地区农村能源经费投入情况（一）

单位：万元

地区	政府合计		中央投入	省级投入		地级投入	
	拨款	贷款		拨款	贷款	拨款	贷款
全国总计	**465 818.52**	**3 180.48**	**243 370.97**	**117 847.14**		**17 209.01**	
北京	9 209.64			100.00			
天津	600.00		600.00				
河北	41 237.24		17 376.23	9 035.63		9 193.28	
山西	4 339.00		4 000.00	109.00		230.00	
内蒙古	22 048.40		22 008.00	10.00		30.00	
辽宁	5 717.00		4 657.00	1 025.00		22.00	
吉林	11 282.00		11 282.00				
黑龙江	7 825.41		4 458.00				
上海							
江苏	31 078.93		9 750.00	19 236.37		220.70	
浙江	6 653.67		1 368.00	1 608.50		624.50	
安徽	27 219.48		6 604.75	8 085.53		1 327.93	
福建	464.88			50.00		121.00	
江西	15 880.39		10 030.65			71.12	
山东	40 452.90		36 819.00	2 100.00		588.50	
河南	13 983.26		12 547.04	364.22		330.00	
湖北	25 743.54		10 435.00	15 000.00		45.00	
湖南	55 730.36	3 180.48	13 435.30	3 252.80		760.10	
广东	2 698.00		934.00	1 764.00			
广西	12 897.77		4 739.00	7 792.50		50.00	
海南	426.00		342.00				
重庆	14 566.20		13 002.00	1 555.80			
四川	28 105.46		17 112.00	7 000.00		1 020.00	
贵州	8 741.05		3 020.00	5 347.05		200.00	
云南	31 312.78		14 200.00	11 910.74		2 303.88	
西藏							
陕西	9 667.50		6 875.00	2 500.00		71.00	
甘肃	7 893.50		7 838.00				
青海	405.00		405.00				
宁夏	21 906.17		1 800.00	20 000.00			
新疆	7 733.00		7 733.00				

各地区农村能源经费投入情况（二）

单位：万元

地区	县级投入		乡级投入		用户自筹		其他投入
	拨款	贷款	拨款	贷款	资金	投劳折资	
全国总计	**70 491.47**	**3 180.48**	**16 899.94**		**480 995.85**	**7 512.72**	**5 160.20**
北京	8 973.64		136.00				
天津					1 200.00		
河北	5 632.10				38 356.29	209.00	3 722.40
山西					18.00	9.00	
内蒙古	0.40				39 055.05		
辽宁	13.00				387.25		
吉林							
黑龙江	3 367.41				8 989.65		
上海							
江苏	1 737.00		134.86		6 845.45		
浙江	2 834.77		217.90		13 272.80	247.42	
安徽	11 140.67		60.60		51 584.05	308.00	
福建	183.88		110.00				
江西	5 773.62		5.00		29 101.89	459.79	102.50
山东	913.90		31.50		56 724.31		
河南	592.00		150.00		19 079.90	20.00	
湖北	263.54				30 054.76	3 239.88	329.90
湖南	22 447.08	3 180.48	15 835.08		44 623.57	2 318.98	1 005.40
广东					5 350.00		
广西	316.27				16 663.35		
海南	84.00				16.80		
重庆	8.40				28 722.64	128.35	
四川	2 754.46		219.00		29 180.03	259.00	
贵州	174.00				2 225.00		
云南	2 898.16				20 140.67	311.30	
西藏							
陕西	221.50				2 522.00		
甘肃	55.50				16 844.71	2.00	
青海							
宁夏	106.17				2 987.68		
新疆					17 050.00		

各地区户用沼气池情况

地　　区	年初数（万户）	本年新增（户）	本年报废（户）	年末累计（万户）	本年利用（万户）	年总产气量（万立方米）	年户均产气量（立方米）
全国总计	**4 161.1**	**42 028**	**1 076 335**	**4 057.7**	**2 677.4**	**975 795**	**364.5**
北　京	0.3			0.3			
天　津	4.9			4.9	3.0	873	292.0
河　北	263.8		303 333	233.5	110.4	32 571	294.9
山　西	70.9		208 665	50.0	18.0	4 392	244.3
内蒙古	52.4			52.4	11.7	2 598	222.5
辽　宁	51.9	764	129 822	39.0	14.5	4 144	285.8
吉　林	19.4			19.4	6.4	1 769	278.6
黑龙江	30.0			30.0	3.4	714	211.9
上　海							
江　苏	72.4		11 200	71.3	40.3	11 427	283.5
浙　江	15.5			15.5	3.0	1 277	423.5
安　徽	89.5			89.5	56.8	19 447	342.4
福　建	47.9	719	13 169	46.6	36.2	15 482	427.2
江　西	182.1	5 883	15 156	181.2	119.6	40 928	342.2
山　东	248.6	742		248.7	118.1	40 160	340.1
河　南	383.1	80		383.1	256.6	78 427	305.6
湖　北	300.5	6 230		301.1	218.5	75 075	343.5
湖　南	227.5	8 026	179 393	210.3	172.6	71 615	415.0
广　东	45.7			45.7	4.6	1 596	350.0
广　西	388.6	4 934		389.1	324.9	124 670	383.8
海　南	34.5			34.5	31.6	22 766	720.0
重　庆	159.8	146	11 729	158.7	98.4	31 293	317.9
四　川	607.4	10 522	72 170	601.2	458.7	160 880	350.7
贵　州	197.4		21 444	195.3	102.4	41 318	403.7
云　南	310.7	3 982		311.1	279.7	130 623	467.1
西　藏	22.9			22.9	12.0	4 620	385.0
陕　西	129.1		23 035	126.8	65.2	22 125	339.1
甘　肃	118.2			118.2	86.7	28 395	327.6
青　海	17.9			17.9	8.0	2 400	299.6
宁　夏	23.0			23.0	4.2	968	232.4
新　疆	45.4		87 279	36.7	12.0	3 240	270.0

各地区沼气工程情况（一）

地区	合计（处）				处理工业废弃物工程			
	年初数	本年新增	本年报废	年末累计	年初数（处）	年末累计		
						数量（处）	总池容（万立方米）	年产气量（万立方米）
全国总计	**113 440**	**4 474**	**7 938**	**109 976**	**258**	**244**	**61.33**	**23 727.24**
北京	117	1	3	115				
天津	441	3	9	435				
河北	2 908	23	44	2 887	8	4	1.05	192.85
山西	428	7	81	354				
内蒙古	778	5	78	705				
辽宁	1 186	1	47	1 140				
吉林	59			59				
黑龙江	1 487	4		1 491				
上海	97		7	90				
江苏	5 031	145	382	4 794	61	61	4.32	124.80
浙江	8 820	207	1 721	7 306				
安徽	2 805	153	19	2 939	10	10	0.93	103.98
福建	4 936	141	693	4 384				
江西	8 021	181	44	8 158	13	13	0.28	29.13
山东	8 317	303	125	8 495	48	44	9.92	2 853.36
河南	6 233	134	267	6 100	29	29	33.47	16 276.62
湖北	7 910	734	24	8 620	4	4	3.41	2 401.70
湖南	24 682	1 032	549	25 165				
广东	7 473	161	3 157	4 477				
广西	909	226	6	1 129				
海南	2 058	11		2 069	16	16	1.60	96.00
重庆	4 432	131	4	4 559				
四川	6 977	428	558	6 847	39	39	4.81	1 648.81
贵州	2 058	190	15	2 233				
云南	505	67	21	551	21	15	0.99	
西藏	14			14				
陕西	3 307	135	9	3 433	8	8	0.15	
甘肃	414	38	8	444	1	1	0.40	
青海	232			232				
宁夏	123	10		133				
新疆	682	3	67	618				

注：年末累计减年初数减本年新增为本年报废处，下同。

各地区沼气工程情况（二）

地区	处理农业废弃物工程							
	年初数（处）	年末累计			大型沼气工程（含特大型）			
		数量（处）	总池容（万立方米）	年产气量（万立方米）	年初数（处）	年末累计		
						数量（处）	总池容（万立方米）	年产气量（万立方米）
全国总计	**113 182**	**109 732**	**2 006.86**	**237 060.52**	**7 265**	**7 631**	**862.09**	**147 347.88**
北京	117	115	8.38	1 001.55	34	34	5.78	842.85
天津	441	435	6.44	1 546.66	32	34	3.39	893.56
河北	2 900	2 883	69.45	13 060.27	283	292	47.71	11 284.20
山西	428	354	10.06	1 676.17	131	134	7.84	1 252.54
内蒙古	778	705	48.03	3 063.64	101	99	42.80	2 841.80
辽宁	1 186	1 140	43.78	4 340.74	60	59	10.40	2 527.65
吉林	59	59	2.25		41	41	2.05	
黑龙江	1 487	1 491	34.94	4 231.15	206	210	24.37	3 489.80
上海	97	90	15.15	1 652.20	53	46	12.73	1 506.73
江苏	4 970	4 733	131.18	18 114.47	349	358	46.64	9 819.32
浙江	8 820	7 306	92.27	7 558.20	150	163	21.19	2 271.14
安徽	2 795	2 929	43.27	4 849.58	198	212	18.74	3 626.23
福建	4 936	4 384	70.54	5 818.33	303	258	34.07	3 375.37
江西	8 008	8 145	170.97	10 489.92	652	672	69.73	5 376.63
山东	8 269	8 451	143.13	17 533.97	388	396	56.55	11 835.21
河南	6 204	6 071	137.70	17 015.98	773	815	85.91	14 443.55
湖北	7 906	8 616	116.86	14 051.12	287	309	25.13	5 442.67
湖南	24 682	25 165	186.70	12 328.95	409	475	42.25	5 294.42
广东	7 473	4 477	159.55	23 537.00	626	619	90.75	14 335.00
广西	909	1 129	36.08	5 032.41	149	187	20.10	3 708.68
海南	2 042	2 053	47.29	11 532.12	423	429	27.35	7 764.71
重庆	4 432	4 559	83.58	5 683.57	285	324	27.18	2 518.66
四川	6 938	6 808	169.27	33 628.30	590	606	50.61	17 731.20
贵州	2 058	2 233	49.49	6 180.32	164	182	18.69	4 394.13
云南	484	536	9.86	1 010.45	52	109	6.79	860.08
西藏	14	14	0.80	120.00				
陕西	3 299	3 425	58.31	2 571.59	249	267	19.42	1 491.92
甘肃	413	443	24.78	4 113.03	129	152	21.14	3 671.76
青海	232	232	3.39	187.27	30	30	2.54	112.00
宁夏	123	133	11.82	701.57	3	6	4.64	493.07
新疆	682	618	21.55	4 430.00	115	113	15.61	4 143.00

各地区沼气工程情况（三）

地区	处理农业废弃物工程							
	中型沼气工程				小型沼气工程			
	年初数（处）	年末累计			年初数（处）	年末累计		
		数量（处）	总池容（万立方米）	年产气量（万立方米）		数量（处）	总池容（万立方米）	年产气量（万立方米）
全国总计	**10 734**	**10 516**	**421.04**	**38 189.33**	**95 183**	**91 585**	**723.73**	**51 523.31**
北京	39	40	2.00	114.20	44	41	0.60	44.50
天津					409	401	3.05	653.10
河北	12	20	1.09	107.10	2 605	2 571	20.65	1 668.97
山西	31	26	1.04	303.52	266	194	1.18	120.11
内蒙古	21	21	1.01	45.50	656	585	4.22	176.34
辽宁	691	666	30.92	1 757.79	435	415	2.46	55.30
吉林	5	5	0.15		13	13	0.05	
黑龙江	3	3	0.24		1 278	1 278	10.33	741.35
上海	39	39	2.12	130.73	5	5	0.30	14.74
江苏	1 313	1 274	40.85	4 536.21	3 308	3 101	43.69	3 758.94
浙江	308	282	14.56	1 109.12	8 362	6 861	56.52	4 177.94
安徽	28	31	1.26	91.00	2 569	2 686	23.28	1 132.35
福建	640	656	19.77	1 348.14	3 993	3 470	16.70	1 094.82
江西	763	740	47.66	2 001.93	6 593	6 733	53.58	3 111.36
山东	302	320	11.36	1 345.96	7 579	7 735	75.22	4 352.80
河南	897	890	31.43	496.84	4 534	4 366	20.36	2 075.59
湖北	71	72	2.34	317.31	7 548	8 235	89.39	8 291.14
湖南	812	827	25.44	736.79	23 461	23 863	119.02	6 297.74
广东	1 230	1 050	52.00	7 665.00	5 617	2 808	16.80	1 537.00
广西	136	141	8.29	422.40	624	801	7.69	901.33
海南	360	360	10.80	2 349.30	1 259	1 264	9.14	1 418.11
重庆	655	692	29.21	1 471.33	3 492	3 543	27.19	1 693.58
四川	1 686	1 655	57.46	10 440.76	4 662	4 547	61.21	5 456.34
贵州	235	239	8.99	525.16	1 659	1 812	21.81	1 261.03
云南	6	5	0.40	19.85	426	422	2.67	130.53
西藏	14	14	0.80	120.00				
陕西	267	267	10.24	182.26	2 783	2 891	28.65	897.41
甘肃	38	42	1.99	232.65	246	249	1.65	208.62
青海					202	202	0.85	75.27
宁夏	120	127	7.18	208.50				
新疆	12	12	0.44	110.00	555	493	5.50	177.00

各地区生活污水净化沼气池情况（一）

单位：处、万立方米

地区	合计						村级处理系统	
	年初数		本年新增		年末累计		年初数	
	池数	总池容	池数	总池容	池数	总池容	池数	总池容
全国总计	**191 967**	**1 079.29**	**1 453**	**24.18**	**184 481**	**1 066.16**	**70 032**	**288.25**
北京								
天津								
河北	135	0.81	1	0.01	103	0.60	9	0.14
山西	28	0.06						
内蒙古	1	0.07			1	0.07		
辽宁								
吉林	3	0.05			3	0.05	3	0.05
黑龙江								
上海								
江苏	30 027	97.51	431	2.47	28 857	97.72	1 187	5.14
浙江	67 239	270.44	451	3.79	67 096	269.51	61 115	213.66
安徽	1 693	4.99			1 687	4.97	47	0.53
福建	1 062	2.31			1 002	2.18	450	0.88
江西	1 945	6.85	20	0.20	1 942	6.99	320	1.80
山东	147	1.37			143	1.34	31	0.09
河南	480	2.20			337	1.95		
湖北	1 142	6.67	65	0.17	1 194	6.75	74	0.68
湖南	2 028	9.77	12	0.11	2 009	9.72	530	0.95
广东	4 868	7.43			1 857	2.61	1 750	2.12
广西	119	3.33			119	3.33	59	0.15
海南								
重庆	11 736	104.20			11 546	103.07	1 266	17.65
四川	68 589	553.03	448	16.84	65 850	546.66	2 819	39.56
贵州	425	4.04	24	0.57	440	4.53	238	2.70
云南	163	2.53	1	0.01	164	2.54	127	1.96
西藏	4	0.62			4	0.62	3	0.12
陕西	104	0.80			102	0.79	1	0.07
甘肃	25	0.17			25	0.17	3	0.01
青海								
宁夏	4	0.03						
新疆								

各地区生活污水净化沼气池情况（二）

单位：处、万立方米

地区	村级处理系统（续）				学校			
	本年新增		年末累计		年初数		本年新增	
	池数	总池容	池数	总池容	池数	总池容	池数	总池容
全国总计	**716**	**6.51**	**70 195**	**289.74**	**7 827**	**65.47**	**98**	**1.20**
北京								
天津								
河北	1	0.01	2	0.03	105	0.53		
山西								
内蒙古					1	0.07		
辽宁								
吉林			3	0.05				
黑龙江								
上海								
江苏	200	0.60	1 277	5.46	1 586	7.81	12	0.13
浙江	337	3.48	61 154	213.68	453	4.71	2	0.02
安徽			47	0.53	287	1.42		
福建			398	0.78	100	0.63		
江西	20	0.20	338	1.98	436	2.18		
山东			31	0.09	111	1.24		
河南					439	2.05		
湖北	50	0.10	124	0.78	571	3.95	10	0.05
湖南	5	0.03	534	0.95	513	2.98	7	0.08
广东			1 750	2.12	91	0.48		
广西			59	0.15	60	3.18		
海南								
重庆			1 263	17.64	559	7.53		
四川	79	1.51	2 819	40.08	2 178	24.03	66	0.91
贵州	23	0.56	261	3.26	187	1.35	1	0.01
云南	1	0.01	128	1.97	21	0.41		
西藏			3	0.12				
陕西			1	0.07	103	0.73		
甘肃			3	0.01	22	0.15		
青海								
宁夏					4	0.03		
新疆								

各地区生活污水净化沼气池情况（三）

单位：处、万立方米

地区	学校（续）		其他公共场所					
	年末累计		年初数		本年新增		年末累计	
	池数	总池容	池数	总池容	池数	总池容	池数	总池容
全国总计	**7 510**	**65.12**	**114 108**	**725.57**	**639**	**16.47**	**106 776**	**711.29**
北京								
天津								
河北	89	0.49	21	0.13			12	0.08
山西			28	0.06				
内蒙古	1	0.07						
辽宁								
吉林								
黑龙江								
上海								
江苏	1 484	7.52	27 254	84.56	219	1.74	26 096	84.74
浙江	440	4.57	5 671	52.07	112	0.29	5 502	51.27
安徽	287	1.42	1 359	3.05			1 353	3.03
福建	92	0.60	512	0.80			512	0.80
江西	415	2.14	1 189	2.86			1 189	2.86
山东	107	1.21	5	0.04			5	0.04
河南	300	1.81	41	0.15			37	0.14
湖北	568	3.91	497	2.04	5	0.02	502	2.06
湖南	504	2.98	985	5.83			971	5.78
广东	91	0.48	3 027	4.83			16	0.01
广西	60	3.18						
海南								
重庆	557	7.50	9 911	79.02			9 726	77.93
四川	2 192	24.70	63 592	489.45	303	14.42	60 839	481.88
贵州	179	1.27						
云南	21	0.41	15	0.17			15	0.17
西藏			1	0.50			1	0.50
陕西	101	0.72						
甘肃	22	0.15						
青海								
宁夏								
新疆								

各地区省柴节煤灶及节能炕情况

地区	省柴节煤灶（万台）			节能炕（万铺）		
	年初数	本年新增	年末累计	年初数	本年新增	年末累计
全国总计	**11 201.40**	**54.47**	**10 676.05**	**1 792.76**	**14.78**	**1 683.89**
北京	1.40		1.30	34.85		30.04
天津	29.90		11.91			
河北	394.26	0.93	321.62	100.85	0.58	82.60
山西	28.20	0.01	24.32	31.97	0.02	27.87
内蒙古	134.81	0.76	130.48	35.15	0.19	33.62
辽宁	321.04	2.20	280.84	398.23	2.65	347.64
吉林	249.88	0.15	250.03	273.47		273.47
黑龙江	219.65	0.64	219.50	332.07	0.63	332.24
上海						
江苏	519.17	0.37	484.83			
浙江	309.69	1.42	262.64			
安徽	678.86	1.45	637.86			
福建	134.68	0.73	132.41			
江西	501.08	4.77	497.35			
山东	884.45	1.21	777.90	311.50	8.84	285.25
河南	856.07	0.74	789.41	1.62		1.62
湖北	619.79	3.89	618.52			
湖南	740.21	6.23	727.77			
广东	506.18	0.25	473.57			
广西	746.75	0.86	742.96			
海南	82.06		82.06			
重庆	320.42	1.21	317.89			
四川	1 151.47	4.10	1 110.16			
贵州	341.89	0.40	336.62			
云南	632.13	11.10	641.33			
西藏						
陕西	215.43		214.42	68.54		68.44
甘肃	303.36	11.05	311.28	177.79	1.87	175.40
青海	81.67		81.67	3.66		3.66
宁夏	46.26		45.40	20.05		19.05
新疆	150.66		150.01	3.01		3.00

各地区节能炉及燃池情况

地区	节能炉（万台）			燃池（万个）		
	年初数	本年新增	年末累计	年初数	本年新增	年末累计
全国总计	**3 069.53**	**79.30**	**2 769.41**	**12.51**		**10.87**
北京	4.72		3.90			
天津	86.11		73.14			
河北	661.75	20.42	548.98	2.82		2.16
山西	51.50	0.30	44.59			
内蒙古	12.59	0.69	12.03	0.08		0.08
辽宁	9.31	0.68	9.85	2.21		1.53
吉林	94.50		94.50			
黑龙江	73.48	0.95	73.25	7.41		7.10
上海						
江苏	5.72	0.12	4.21			
浙江	2.25		0.11			
安徽	84.40	1.91	80.34			
福建						
江西	92.76	1.10	80.24			
山东	546.34	32.96	436.77			
河南	209.83	0.91	196.12			
湖北	161.70	2.75	161.23			
湖南	332.63	6.26	327.75			
广东	0.09		0.09			
广西	2.26	0.07	2.19			
海南						
重庆	53.69	2.30	49.32			
四川	221.23	2.45	208.37	…		…
贵州	98.41	0.61	96.98			
云南	0.65	0.08	0.72			
西藏						
陕西	77.31		76.61			
甘肃	164.61	4.59	166.26			
青海	14.27		14.27			
宁夏	4.36	0.16	4.51			
新疆	3.07		3.07			

各地区太阳能利用情况（一）

地　区	太阳能热水器（万平方米）			太阳灶（台）		
	年初数	本年新增	年末累计	年初数	本年新增	年末累计
全国总计	**8 623.7**	**389.0**	**8 723.5**	**2 279 387**	**10 457**	**2 222 666**
北　京	90.6	0.3	89.7	120		120
天　津	43.6	1.0	41.7			
河　北	668.6	31.9	682.9	51 283	108	39 727
山　西	411.0	5.6	296.0	69 435	300	69 105
内蒙古	70.4	2.7	68.2	61 277	50	55 506
辽　宁	148.4	1.6	126.8	1 006		906
吉　林	67.2	1.2	68.4	731		403
黑龙江	83.8	2.0	80.6	511		507
上　海	90.2		90.2			
江　苏	906.0	32.5	921.0			
浙　江	671.8	27.5	677.3	40		40
安　徽	585.4	26.2	595.4			
福　建	39.1		38.2			
江　西	207.4	9.6	215.1			
山　东	1 297.6	47.7	1 319.2	4 758	45	2 973
河　南	602.8	40.3	635.1			
湖　北	336.5	7.2	340.9			
湖　南	227.2	15.0	237.8			
广　东	80.6	4.6	85.2	48		
广　西	115.6	27.0	142.3			
海　南	389.2		389.2			
重　庆	65.8	3.6	69.0			
四　川	207.7	9.7	214.8	121 274		121 259
贵　州	86.5	3.7	89.0			
云　南	459.1	27.8	486.8	264		264
西　藏	150.1		150.1	391 563		391 563
陕　西	219.3	3.3	221.4	246 628		243 268
甘　肃	136.8	24.6	154.0	761 117	9 954	759 148
青　海	14.9		14.9	258 259		258 259
宁　夏	96.8	32.0	128.6	300 553		270 206
新　疆	53.8	0.5	53.7	10 520		9 412

各地区太阳能利用情况（二）

单位：万平方米

地区	太阳房			户用太阳房			太阳能校舍		
	年初数	本年新增	年末累计	年初数	本年新增	年末累计	年初数	本年新增	年末累计
全国总计	**2564.6**	**18.8**	**2541.0**	**2437.5**	**18.5**	**2417.0**	**61.0**		**57.8**
北京	115.3		115.3	115.1		115.1	0.2		0.2
天津	0.7		0.7				0.7		0.7
河北	124.9	0.6	122.1	118.6	0.6	115.8	5.9		5.9
山西	0.2		0.2	0.2		0.2			
内蒙古	83.6	1.3	82.7	78.1	1.1	77.2			
辽宁	540.2		517.9	507.6		486.5	21.3		20.1
吉林	289.4		289.4	285.7		285.7	3.7		3.7
黑龙江	532.8	8.2	541.0	516.8	8.2	525.0	7.0		7.0
上海	5.0		5.0						
江苏	0.9		0.8	0.9		0.8			
浙江									
安徽									
福建									
江西	0.7		0.7						
山东	14.1		14.0	6.9		6.9	7.1		7.1
河南	2.0	0.1	2.0	1.4		1.4	0.6		0.6
湖北									
湖南	0.6		0.6				0.6		0.6
广东	0.1			0.1					
广西									
海南									
重庆									
四川	8.0		8.0	2.5		2.5	0.3		0.3
贵州									
云南									
西藏									
陕西	0.2		0.2						
甘肃	319.2	8.6	316.6	292.4	8.6	289.8	6.4		6.4
青海	505.2		505.2	494.5		494.5	2.3		2.3
宁夏	12.4		9.4	7.4		6.5	5.0		3.0
新疆	9.4		9.4	9.4		9.4			

各地区秸秆优质化能源利用情况（一）

单位：处、万户

地区	秸秆热解气化集中供气					秸秆沼气集中供气				
	年初数	本年新增	年末累计	运行数量数	供气户数	年初数	本年新增	年末累计	运行数量数	供气户数
全国总计	**766**		**674**	**170**	**7.68**	**454**	**7**	**431**	**272**	**6.64**
北京	126		125	4	0.13	2		2		
天津	3					4		3		
河北	20		18	6	0.36	40		40	14	1.40
山西	40		34	6	0.40	11		11	3	0.20
内蒙古	4		4	1	0.07	4	1	5	1	0.50
辽宁	255		220	15	0.36	3		3		
吉林	17		17	11	0.21					
黑龙江	12		12			8		8		
上海										
江苏	192		154	69	2.47	61	2	62	33	0.42
浙江						120	1	116	110	1.09
安徽	1		1	1	0.01	1	2	3		
福建										
江西	1		1			92		92	56	0.28
山东	55		54	37	1.28	15		13	10	0.79
河南	4		3	3	0.11	65	1	52	37	1.66
湖北	21		20	15	2.22	2		2	2	0.10
湖南						3		3	3	0.07
广东						6		6		
广西						2		2		
海南										
重庆	1		1	1	…	1		1		
四川	4		1	1	0.06	1		1	1	0.06
贵州						3		3	2	0.07
云南	5		5							
西藏						4				
陕西						2		2		
甘肃	4		4			1		1		
青海										
宁夏	1					3				
新疆										

各地区秸秆优质化能源利用情况（二）

单位：处、吨

地区	秸秆固化成型				秸秆炭化			
	年初数	本年新增	年末累计	年产量	年初数	本年新增	年末累计	年产量
全国总计	**1 362**	**364**	**1 616**	**5 738 891**	**106**	**1**	**105**	**300 070**
北　京	2		2	800				
天　津	6	3	9	276 000	1		1	
河　北	325	18	300	460 572	5	1	6	21 123
山　西	13		11	3				
内蒙古	92	6	98	189 500				
辽　宁	165	16	172	561 100				
吉　林	3		3	1 600				
黑龙江	50	73	123	294 874				
上　海	1	2	3	14 040				
江　苏	320	31	321	898 657	4		3	28 000
浙　江	47	16	59	286 163	17		16	44 900
安　徽	117	175	286	1 706 485	5		5	15 950
福　建								
江　西	2		2	8 240				
山　东	101	18	112	290 990	3		3	10 000
河　南	62	1	56	53 187	4		4	
湖　北	20		19	284 300	37		37	157 796
湖　南	11	4	15	281 004	25		25	20 201
广　东								
广　西								
海　南								
重　庆					2		2	1 100
四　川	7	1	7	105 360	1		1	1 000
贵　州	3		3	22 336				
云　南	1		1		2		2	
西　藏								
陕　西	1		1					
甘　肃	13		13	3 680				
青　海								
宁　夏								
新　疆								

各地区小型电源利用情况（一）

单位：处、千瓦

地区	小型光伏发电					
	年初数		本年新增		年末累计	
	数量	装机容量	数量	装机容量	数量	装机容量
全国总计	**367 917**	**95 037**	**21 225**	**167 980**	**376 711**	**261 635**
北　京	168 768	9 899	868	12 379	159 773	21 577
天　津						
河　北	17 391	2 935	15 783	53 660	31 663	56 518
山　西	3 600	360	35	6	3 635	366
内蒙古	15 322	8 410	11	5	15 330	8 415
辽　宁	60 228	3 831	502	31	60 080	3 811
吉　林						
黑龙江	7 322	296	180	7	7 502	304
上　海						
江　苏	915	37			815	33
浙　江	2 444	3 697	2		2 354	3 366
安　徽	2 038	4 363	1 232	271	3 263	4 626
福　建						
江　西	536	2 233	218	5 209	754	7 442
山　东	2 355	168	20	240	2 364	406
河　南	10 084	30 980	539	1 005	10 623	31 984
湖　北	77	3 440			77	3 440
湖　南	3 751	8 955	976	83 519	4 607	92 415
广　东	323	7 061	15	750	338	7 811
广　西	10	94	418	1 977	427	2 050
海　南	23	38			23	38
重　庆			103	4 710	103	4 710
四　川	4	32	6	151	10	183
贵　州	3	70			3	70
云　南	356	301			356	301
西　藏						
陕　西	4	28	125	3 608	129	3 636
甘　肃	18 103	4 515	192	453	18 295	4 968
青　海	51 464	2 524			51 464	2 524
宁　夏	390	718			317	587
新　疆	2 406	54			2 406	54

各地区小型电源利用情况（二）

单位：处、千瓦

地　　区	小型风力发电					
	年初数		本年新增		年末累计	
	数量	装机容量	数量	装机容量	数量	装机容量
全国总计	**107 485**	**35 720**	**230**	**60**	**103 407**	**33 170**
北　京	10	10			10	10
天　津						
河　北	197	67			197	67
山　西	3	6			3	6
内 蒙 古	84 027	25 725	160	41	82 359	24 758
辽　宁	53	241			52	240
吉　林	265	29			265	29
黑 龙 江	1 832	1 984			1 406	765
上　海						
江　苏	2 372	583	15	10	2 288	554
浙　江	131	585			131	585
安　徽	653	281			571	253
福　建	383	546			383	546
江　西	5	1			5	1
山　东	3 484	1 417	54	6	3 446	1 412
河　南	79	7	1	4	64	10
湖　北	1 440	270				
湖　南	32	51			32	51
广　东	73	110			73	110
广　西	1 155	126			1 145	125
海　南	39	48			39	48
重　庆						
四　川						
贵　州	49	6			49	6
云　南	3	…			3	…
西　藏						
陕　西	80	9			80	9
甘　肃	1 656	667			1 656	667
青　海	1 308	131			1 308	131
宁　夏	1 863	249			1 549	214
新　疆	6 293	2 573			6 293	2 573

各地区小型电源利用情况（三）

单位：处、千瓦

地区	微型水力发电					
	年初数		本年新增		年末累计	
	数量	装机容量	数量	装机容量	数量	装机容量
全国总计	**28 945**	**86 836**	**90**	**167**	**25 643**	**62 712**
北京						
天津						
河北						
山西	3	18			1	10
内蒙古						
辽宁						
吉林						
黑龙江						
上海						
江苏						
浙江	172	231			172	231
安徽	9	28			9	28
福建	271	1 976			271	1 976
江西	4 928	8 435	3	30	4 911	8 447
山东	11	67			11	67
河南	21	246			21	246
湖北	12	60			12	60
湖南	1 588	5 614			1 554	4 602
广东	2 994	19 822			19	118
广西	10 268	15 815	87	137	10 176	15 615
海南	8	78			8	78
重庆	82	391			82	391
四川	95	3 114			44	1 897
贵州	2 596	5 370			2 503	5 184
云南	5 065	10 626			5 029	8 830
西藏						
陕西	63	3 666			63	3 666
甘肃	257	2 497			255	2 483
青海	290	8 780			290	8 780
宁夏						
新疆	212	3			212	3

十一、农村经营管理情况

全国农村土地承包经营情况（一）

单位：公顷、户、份、个、件

项　　目	数量	比上年增减（%）
耕地承包情况		
家庭承包经营的耕地面积	92 334 274	1.55
家庭承包经营的农户数	226 882 493	-0.79
家庭承包合同份数	216 127 577	-1.44
颁发土地承包经营权证份数	200 245 261	-1.36
其中：以其他方式承包颁发的	544 341	-7.40
机动地面积	2 214 460	2.75
家庭承包耕地流转情况		
家庭承包耕地流转总面积	34 140 880	6.87
按流转形式划分		
转让	961 629	12.07
互换	1 975 149	15.45
出租（转包）	27 613 699	5.12
其中：出租给本乡镇以外人口或单位的	2 061 960	40.58
股份合作	1 984 825	21.76
其中：耕地入股合作社的面积	1 037 088	14.10
其他形式	1 605 578	8.53
按流转去向划分		
流转入农户的面积	19 631 870	5.26
流转入专业合作社的面积	7 751 252	12.44
流转入企业的面积	3 356 682	8.57
流转入其他主体的面积	3 401 076	2.75
流转用于种植粮食作物的面积	19 035 254	5.40
流转出承包耕地的农户数	70 705 578	4.15
签订耕地流转合同份数	55 359 625	7.71
签订流转合同的耕地流转面积	23 328 103	7.02
仲裁机构队伍情况		
仲裁委员会数	2 517	1.82
其中：县级仲裁委员会数	2 410	1.52
仲裁委员会人员数	44 481	7.52
其中：农民委员人数	10 008	12.45

全国农村土地承包经营情况（二）

单位：公顷、户、份、个、件

项　　目	数量	比上年增减（%）
聘任仲裁员数	41 662	7.38
仲裁委员会日常工作机构人数	14 662	4.92
其中：专职人员数	6 085	8.37
土地承包经营纠纷调处情况		
受理土地承包及流转纠纷总量	366 961	-3.79
土地承包纠纷数	246 326	-4.20
家庭承包	234 814	-4.48
其中：涉及妇女承包权益的	14 238	-2.38
其他方式承包	11 512	1.83
土地流转纠纷数	103 587	-4.06
农户之间	78 461	-6.41
农户与村组集体之间	14 410	6.22
农户与其他主体之间	10 716	1.33
其他纠纷数	17 048	4.40
调处纠纷总数	322 566	-3.35
其中：涉及妇女承包权益的	12 933	-1.65
调解纠纷数	302 512	-2.51
乡镇调解数	113 773	-9.73
村民委员会调解数	188 739	2.43
仲裁纠纷数	20 054	-14.50
和解或调解数	16 540	-15.50
仲裁裁决数	3 514	-9.48
附报		
当年征收征用集体土地面积	315 141	17.71
其中：涉及农户承包耕地面积	171 071	16.53
涉及农户数	1 808 684	11.29
涉及人口数	6 299 711	0.93
当年获得土地补偿费总额	15 181 447	30.90
留作集体土地补偿费总额	2 685 615	34.82
分配给农户的	12 495 832	29.50
其中：分配给被征收征用农户的	9 815 337	25.93

全国农民专业合作社情况（一）

单位：个、户、万元

指标名称	数量	比上年增减（%）
农民专业合作社基本情况		
农民专业合作社数	1 561 964	16.91
其中：被农业主管部门认定为示范社的	140 387	10.84
农民专业合作社成员数	64 101 193	6.96
其中：普通农户数	52 624 940	1.44
专业大户及家庭农场成员数	1 981 619	-1.37
企业成员数	306 013	4.25
其他团体成员数	233 647	1.27
农民专业合作社带动非成员农户数	69 892 029	3.64
农民专业合作社分类情况		
按从事行业划分		
种植业	842 951	18.65
其中：粮食产业	324 246	17.41
蔬菜产业	147 021	15.25
林业	91 820	15.81
畜牧业	370 616	14.28
其中：生猪产业	120 716	11.16
奶业	16 046	5.84
肉牛产业	86 414	17.11
渔业	51 101	12.02
服务业	123 240	13.37
其中：农机服务	75 901	10.75
植保服务	13 096	3.82
土肥服务	4 811	6.06
金融服务	1 239	41.92
其他	82 236	21.41
按牵头人身份划分		
农民	1 424 146	17.10
其中：村组干部	191 305	10.48

注：据国家工商行政管理总局提供的数据，全国依法在工商部门登记注册的合作社为179.4万个，比2015年增长17.2%。

全国农民专业合作社情况（二）

单位：个、户、万元

指标名称	数量	比上年增减（%）
企业	38 201	13.70
基层农技服务组织	24 154	12.39
其他	75 463	16.50
按经营服务内容划分		
产加销一体化服务	829 764	17.41
生产服务为主	447 844	17.58
购买服务为主	53 964	14.44
仓储服务为主	13 787	16.25
运销服务为主	37 760	9.59
加工服务为主	30 645	12.39
其他	148 200	16.04
按是否采取土地股份合作划分		
非土地股份合作社数量	1 460 336	16.75
土地股份合作社数量	101 628	19.25
入股土地面积	23 695 950	-24.94
入股成员数	3 743 336	-2.75
按是否开展内部信用合作划分	1 493 643	17.48
未开展内部信用合作的合作社数	68 321	5.60
开展内部信用合作的合作社	898 705	-5.04
其中：涉及合作社成员数	1 762 973	31.75
合作社成员入股互助资金	795 287	-5.95
成员使用互助资金总额		
农民专业合作社经营服务情况		
统一组织销售农产品总值	82 758 213	5.21
其中：统一销售农产品达80%以上的	1 986 440	287.55
统一组织购买农业生产投入品总值	27 678 032	0.50
其中：统一购买比例达80%以上的	282 548	14.25
培训成员数	62 906 322	49.30
实施标准化生产的合作社数	89 446	8.97

全国农民专业合作社情况（三）

单位：个、户、万元

指标名称	数量	比上年增减（%）
拥有注册商标的合作社数	81 353	8.56
通过农产品质量认证的合作社数	43 443	7.98
创办加工实体的合作社数	31 380	19.03
农民专业合用社盈余及其他分配情况		
合作社经营收入	58 069 205	-0.27
农民专业合作社上缴国家税金	314 270	10.50
农民专业合作社盈余	10 653 759	3.92
可分配盈余	9 994 817	5.76
其中：按交易量返还成员总额	5 676 051	4.59
按股分红总额	2 491 172	10.44
可分配盈余按交易量返还成员的合作社数	337 307	14.58
其中：60%以上	258 233	13.80
提留公积金、公益金及风险金的合作社数	230 857	13.21
扶持农民专业合作社发展情况		
获得财政扶持资金的合作社数	32 971	-0.73
其中：农业部门扶持	21 196	1.77
各级财政专项扶持资金总额	483 477	5.13
当前承担国家涉农项目的合作社数	4 297	13.65
当年贷款余额	713 247	-36.90
与农民专业合作社有关的其他情况		
其他农民专业合作组织数	34 693	2.13
专业协会	28 373	-0.75
专业联合社	5 276	16.98
专业联合会	1 044	19.45
其他农民专业合作组织成员数	3 643 993	3.91
专业协会成员	3 228 962	3.68
专业联合社成员	304 847	2.29
专业联合会成员	110 184	16.51
其他农民专业合作组织带动非成员农户数	6 745 857	-1.00

全国村集体经济组织收益情况

单位：万元、个

项　　目	数量	比上年增减（%）
总收入	**46 275 984**	**8.71**
经营收入	14 946 886	5.48
发包及上交收入	8 003 676	6.29
投资收益	1 406 502	6.55
补助收入	11 298 374	14.93
其他收入	10 620 546	9.30
总支出	**30 407 333**	**8.64**
经营支出	8 172 137	2.67
管理费用	9 598 104	9.92
其中：干部报酬	3 983 076	11.57
报刊费	143 642	2.81
其他支出	12 637 093	11.85
本年收益	**15 868 651**	**8.85**
汇入本表村数	**563 225**	**0.84**
当年无经营收益的村	261 747	-8.93
当年有经营收益的村	301 478	11.18
5 万元以下的村	136 642	4.47
5 万~10 万元的村	66 003	15.74
10 万~50 万元的村	61 856	18.58
50 万~100 万元的村	15 879	16.53
100 万元以上的村	21 098	20.31

全国村集体经济组织资产负债情况

单位：万元

项　　目	数量	比上年增减（%）
流动资产合计	**153 168 293.2**	**13.7**
货币资金	75 004 243.7	18.3
短期投资	7 201 526.0	22.1
应收款项	68 931 326.7	8.7
存货	2 031 196.7	-1.7
农业资产合计	**3 041 311.1**	**5.5**
牲畜（禽）资产	554 066.3	13.2
林木资产	2 487 244.9	3.9
长期资产合计	**187 519 129.8**	**8.7**
长期投资	21 697 051.7	5.3
固定资产合计	159 396 399.3	9.3
其中：当年新购建的	4 861 242.7	16.9
固定资产净值	109 644 906.9	8.5
固定资产清理	763 629.4	-1.4
在建工程	48 987 863.0	11.3
其他资产	6 425 678.8	5.9
资产总计	**343 728 734.1**	**10.8**
流动负债合计	**116 012 203.3**	**9.7**
短期借款	10 191 915.3	0.7
应付款项	103 775 545.4	10.8
应付工资	1 094 039.0	-0.9
应付福利费	950 703.7	8.0
长期负债合计	**22 414 047.9**	**14.5**
长期借款及应付款	20 900 147.9	14.6
一事一议资金	1 513 899.9	13.0
所有者权益合计	**205 302 482.9**	**11.0**
资本	45 090 204.6	5.8
公积公益金	155 340 149.8	12.4
未分配收益	4 872 128.5	19.9
负债及所有者权益合计	**343 728 734.1**	**10.8**

全国农民负担情况

单位：万元

项　　目	数量	比上年增减（%）
上交集体各种款项	**1 206 926.3**	**0.1**
土地承包金	1 089 568.4	2.1
共同生产费用	27 871.0	-16.0
建房收费	23 079.7	-24.5
其他款项	66 407.2	-10.7
村民筹资和以资代劳	**518 859.7**	**-18.2**
一事一议筹资	305 457.4	-32.8
道路筹资	204 406.2	-31.3
水利筹资	44 819.5	-24.8
植树造林筹资	5 097.3	-26.3
其他筹资	51 134.4	-43.5
一事一议筹劳以资代劳	213 402.3	-20.3
农业生产性收费	**1 421 400.7**	**-2.8**
农业灌溉水费	655 375.3	-4.3
农业灌溉电费	743 049.7	-0.9
其他收费	22 975.7	-17.4
行政事业性收费	**544 659.1**	**-13.1**
农民建房收费	39 853.3	-19.2
外出务工经商收费	36 049.2	-21.4
农机、摩托车、三轮车和低速载货汽车收费	134 777.5	-20.6
计划生育收费	300 097.5	-6.1
其他收费	33 881.5	-20.7
农村义务教育收费	**100 272.5**	**-15.6**
作业本费	35 304.3	-12.7
代办费	43 284.0	-12.0
其他收费	21 684.2	-25.6
罚款	**16 930.9**	**-25.7**
集资摊派	**5 211.7**	**26.3**
道路集资摊派	3 437.7	43.0
水利集资摊派	718.8	22.0
办电集资摊派	70.1	-13.3
其他集资摊派	985.2	-6.5
一事一议筹劳（万个）	**30 101.3**	**-28.7**

十二、农业自然灾害

各地区农业自然灾害情况（一）

单位：千公顷

地 区	总计		旱灾		洪涝灾	
	受灾	成灾	受灾	成灾	受灾	成灾
全国总计	**18 478**	**9 201**	**9 875**	**4 444**	**5 415**	**3 022**
北 京	7	2				
天 津						
河 北	718	336	367	146	58	23
山 西	821	371	497	149	53	36
内 蒙 古	3 917	2 418	3 239	1 964	212	152
辽 宁	950	292	778	186	113	71
吉 林	983	522	475	167	452	319
黑 龙 江	1 551	424	997	129	188	96
上 海						
江 苏	91	59	37	32	1	
浙 江	107	54			87	41
安 徽	400	202	217	101	157	85
福 建	58	26	20	10	13	8
江 西	441	309	41	27	387	272
山 东	857	311	531	265	67	25
河 南	1 247	649	219	148	925	480
湖 北	1 437	715	627	283	693	398
湖 南	1 218	557	222	61	990	494
广 东	283	132			85	42
广 西	196	62			173	50
海 南	11	3				
重 庆	126	45	80	27	38	12
四 川	216	131	35	25	143	93
贵 州	267	153	57	34	164	92
云 南	407	233	102	70	186	82
西 藏	13	10			11	8
陕 西	651	312	434	182	82	57
甘 肃	773	376	527	225	83	56
青 海	272	161	225	118	5	4
宁 夏	174	113	131	82	7	5
新 疆	288	227	17	13	44	23

各地区农业自然灾害情况（二）

单位：千公顷

地区	风雹灾		冷冻灾		台风	
	受灾	成灾	受灾	成灾	受灾	成灾
全　国	**2 268**	**1 238**	**525**	**312**	**394**	**185**
北　京	7	2				
天　津						
河　北	218	115	41	37	34	16
山　西	218	156	53	30		
内蒙古	255	138	212	164		
辽　宁	59	34				
吉　林	55	35	1	1		
黑龙江	325	184	40	16		
上　海						
江　苏	53	26				
浙　江	1		1	1	19	12
安　徽	26	16				
福　建					25	8
江　西	5	5			8	5
山　东	227	5	1	1	30	15
河　南	94	19	1		9	1
湖　北	41	25	77	9		
湖　南	6	3				
广　东					198	91
广　西	2	2			20	10
海　南					11	3
重　庆	8	5				
四　川	12	9	24	5		
贵　州	36	23	10	4	1	
云　南	65	47	13	10	41	25
西　藏	2	2				
陕　西	128	71	6	4		
甘　肃	145	84	19	11		
青　海	42	39				
宁　夏	34	24	3	3		
新　疆	205	172	22	19		

各地区农作物病虫草鼠害发生、防治面积及损失情况（一）

地　区	发生面积（千公顷次）	防治面积（千公顷次）	挽回损失（吨）			
			粮　食	棉　花	油　料	其　他
全国总计	**437 000**	**539 322**	**88 768 533**	**1 109 895**	**3 832 411**	**72 191 992**
北　京	585	714	58 905		681	139 502
天　津	1 755	1 661	265 890	10 387	84	356 437
河　北	34 321	31 380	3 169 525	190 017	101 136	1 634 360
山　西	10 173	9 293	1 202 632	1 348	7 031	2 410 846
内蒙古	11 762	11 126	3 474 896		155 272	1 351 496
辽　宁	9 790	12 385	2 767 609	56	70 176	5 399 758
吉　林	10 709	12 683	3 965 126		8 515	140 289
黑龙江	21 381	23 209	3 502 904		1 850	263 155
上　海	1 602	2 253	349 051		775	289 568
江　苏	27 531	48 787	9 761 322	1 202	178 563	2 632 386
浙　江	10 220	14 734	1 776 931	3 159	53 741	4 025 776
安　徽	21 598	32 662	6 798 666	9 326	193 784	1 384 162
福　建	4 997	6 560	801 042		24 521	779 390
江　西	12 615	21 884	4 783 037	28 207	148 422	1 748 334
山　东	40 590	43 576	8 641 873	77 141	369 532	14 242 897
河　南	38 839	50 541	8 307 813	9 410	927 204	1 687 071
湖　北	21 454	29 683	4 239 372	72 014	427 480	4 644 382
湖　南	37 315	44 879	6 607 687	25 669	296 237	3 108 848
广　东	22 001	30 821	3 743 734		208 212	5 257 558
广　西	17 862	18 152	2 513 183		66 575	8 013 377
海　南	2 354	2 412	270 564		6 691	763 911
重　庆	5 891	5 455	1 210 962		50 063	865 759
四　川	15 947	21 308	3 204 481	821	230 714	2 183 450
贵　州	6 898	5 940	1 093 283	7	52 319	1 138 204
云　南	10 068	14 245	1 800 695		89 821	1 839 684
西　藏						
陕　西	14 643	18 296	1 209 772	148	34 713	1 958 839
甘　肃	9 478	10 067	1 144 424	2 523	24 172	1 659 600
青　海	1 141	1 012	94 179		59 518	166 244
宁　夏	3 047	3 116	837 601		7 940	655 398
新　疆	10 432	10 490	1 171 375	678 459	36 669	1 451 313

各地区农作物病虫草鼠害发生、防治面积及损失情况（二）

单位：吨

地　区	实际损失			
	粮　食	棉　花	油　料	其　他
全国总计	**16 521 575**	**280 794**	**867 357**	**12 768 184**
北　京	9 499		77	38 179
天　津	78 861	4 339	18	73 061
河　北	634 095	43 273	20 554	238 229
山　西	421 831	205	2 312	456 361
内蒙古	1 057 471		52 039	227 080
辽　宁	777 786	22	13 165	1 050 756
吉　林	1 006 569		1 186	16 520
黑龙江	1 223 097		447	79 768
上　海	21 534		460	99 700
江　苏	502 266	267	27 439	305 986
浙　江	136 219	337	6 428	388 028
安　徽	1 309 856	3 706	43 628	300 893
福　建	117 384		3 249	123 828
江　西	450 119	3 806	20 114	178 247
山　东	1 446 399	11 355	68 236	2 406 665
河　南	1 813 046	2 410	257 208	396 504
湖　北	761 959	17 661	90 356	733 464
湖　南	638 429	4 758	58 391	453 531
广　东	660 656		44 292	936 961
广　西	355 874		9 395	1 078 619
海　南	75 774		2 377	261 544
重　庆	258 104		14 147	205 774
四　川	433 340	80	35 825	299 368
贵　州	489 431	1	28 981	676 417
云　南	310 338		12 336	328 397
西　藏				
陕　西	468 179	36	11 791	452 072
甘　肃	252 836	214	7 220	282 973
青　海	46 617		23 185	38 890
宁　夏	234 284		2 449	183 743
新　疆	529 721	188 322	10 050	456 627

各地区农作物病虫害发生、防治面积及损失情况（一）

地　区	发生面积（千公顷次）	防治面积（千公顷次）	挽回损失（吨）			
			粮　食	棉　花	油　料	其　他
全国总计	**315 323**	**410 443**	**59 583 214**	**907 005**	**2 700 549**	**61 682 276**
北　京	380	523	26 592		547	138 084
天　津	1 252	1 228	182 666	7 473	55	339 929
河　北	26 417	24 143	2 195 534	127 197	68 737	1 281 869
山　西	7 651	7 034	835 034	1 255	5 166	2 296 227
内蒙古	6 520	6 079	2 136 140		64 994	1 022 641
辽　宁	6 282	8 417	1 428 175	56	40 628	5 125 069
吉　林	4 320	6 634	1 864 599		4 624	100 997
黑龙江	11 774	13 650	1 216 259		667	238 107
上　海	1 426	1 941	216 405		248	289 568
江　苏	21 828	41 819	6 488 449	1 024	112 064	2 406 663
浙　江	8 347	12 382	1 353 353	2 905	36 362	3 531 192
安　徽	15 279	25 170	4 308 181	5 498	106 957	1 112 499
福　建	3 631	5 052	599 882		13 230	661 446
江　西	9 850	18 431	4 095 335	18 345	105 573	1 565 234
山　东	31 202	34 407	5 804 418	61 663	298 867	11 505 539
河　南	30 314	41 429	6 138 315	5 984	764 777	1 410 860
湖　北	17 064	24 670	3 140 943	57 432	256 489	4 332 805
湖　南	28 129	35 212	5 042 703	19 783	223 048	2 737 174
广　东	16 007	23 356	2 487 964		154 746	4 496 443
广　西	12 145	12 850	1 680 146		42 440	5 977 533
海　南	1 633	1 743	93 450		5 000	683 300
重　庆	3 986	3 865	928 441		34 313	755 087
四　川	10 120	15 255	2 285 862	778	146 448	1 787 279
贵　州	5 074	4 335	847 233		36 706	1 076 792
云　南	6 754	10 038	1 121 329		65 961	1 610 183
西　藏						
陕　西	11 636	13 320	874 294	146	22 871	1 792 945
甘　肃	6 579	7 461	869 562	554	16 889	1 490 260
青　海	632	563	35 158		44 244	125 781
宁　夏	2 298	2 451	519 570		5 355	527 930
新　疆	6 794	6 987	767 221	596 912	22 544	1 262 837

各地区农作物病虫害发生、防治面积及损失情况（二）

单位：吨

地　　区	实际损失			
	粮　食	棉　花	油　料	其　他
全国总计	**11 953 902**	**248 863**	**677 313**	**11 156 303**
北　　京	5 410		60	38 158
天　　津	63 770	4 096	13	68 612
河　　北	485 672	39 682	17 141	203 216
山　　西	341 388	191	1 772	435 304
内 蒙 古	778 750		36 614	181 091
辽　　宁	568 886	22	9 506	1 014 284
吉　　林	585 127		782	11 505
黑 龙 江	889 995		254	73 330
上　　海	13 179		285	99 700
江　　苏	377 874	214	23 482	297 023
浙　　江	103 604	312	4 654	345 501
安　　徽	906 961	1 953	29 660	247 094
福　　建	88 609		2 459	108 556
江　　西	372 175	2 446	12 941	158 778
山　　东	969 613	8 940	58 124	1 876 055
河　　南	1 440 496	1 465	212 764	329 153
湖　　北	595 900	15 508	66 656	643 410
湖　　南	485 299	3 886	48 326	409 460
广　　东	429 538		35 098	848 636
广　　西	223 275		6 439	898 584
海　　南	28 962		1 938	235 734
重　　庆	167 110		9 573	174 013
四　　川	270 594	69	24 123	249 808
贵　　州	385 335		23 498	638 384
云　　南	205 232		9 009	296 910
西　　藏				
陕　　西	353 109	35	9 292	417 608
甘　　肃	184 381	80	5 474	257 214
青　　海	21 461		18 053	33 268
宁　　夏	186 854		1 619	162 693
新　　疆	425 342	169 963	7 706	403 222

各地区农田草害发生、防治面积及损失情况（一）

地　区	发生面积（千公顷次）	防治面积（千公顷次）	挽回损失（吨）			
			粮　食	棉　花	油　料	其　他
全国总计	**94 839**	**106 104**	**24 366 478**	**202 890**	**1 131 862**	**10 509 717**
北　京	73	64	18 452		134	1 418
天　津	322	327	76 045	2 913	29	16 508
河　北	6 667	6 631	868 426	62 820	32 399	352 491
山　西	2 024	1 879	276 049	93	1 864	114 619
内 蒙 古	4 856	4 926	1 313 222		90 278	328 855
辽　宁	2 690	3 400	977 768		29 548	274 689
吉　林	3 685	4 472	1 580 558		3 891	39 292
黑 龙 江	5 863	8 705	2 224 654		1 183	25 048
上　海	110	246	127 694		527	
江　苏	5 094	6 580	3 226 320	178	66 499	225 722
浙　江	1 515	1 986	352 860	254	17 379	494 584
安　徽	5 623	6 933	2 409 035	3 828	86 827	271 663
福　建	997	1 154	120 777		11 291	117 944
江　西	2 069	2 926	562 642	9 863	42 849	183 100
山　东	8 343	8 213	2 416 141	15 478	70 665	2 737 358
河　南	7 740	8 339	2 091 106	3 427	162 427	276 210
湖　北	3 848	4 594	1 030 804	14 583	170 991	311 577
湖　南	7 038	7 575	1 246 279	5 886	73 189	371 673
广　东	3 686	4 831	526 617		53 466	761 115
广　西	4 082	3 769	404 541		24 135	2 035 844
海　南	455	446	64 357		1 691	80 611
重　庆	1 234	1 093	149 531		15 751	110 672
四　川	4 090	4 335	590 103	42	84 265	396 171
贵　州	1 355	1 212	127 072	7	15 612	61 412
云　南	2 514	2 971	500 572		23 860	229 501
西　藏						
陕　西	2 394	2 206	258 255	2	11 842	165 894
甘　肃	2 163	2 002	217 873	1 969	7 284	169 340
青　海	290	316	39 576		15 273	40 463
宁　夏	680	638	307 388		2 586	127 467
新　疆	3 340	3 334	261 761	81 546	14 126	188 475

各地区农田草害发生、防治面积及损失情况（二）

单位：吨

地　区	实际损失			
	粮　食	棉　花	油　料	其　他
全国总计	**3 190 965**	**31 931**	**190 044**	**1 611 881**
北　京	1 243		18	21
天　津	11 807	242	5	4 449
河　北	122 151	3 591	3 413	35 013
山　西	59 777	15	540	21 057
内蒙古	253 380		15 425	45 989
辽　宁	137 946		3 660	36 473
吉　林	211 848		404	5 015
黑龙江	240 678		193	6 437
上　海	8 036		175	
江　苏	108 090	53	3 957	8 963
浙　江	26 368	25	1 774	42 527
安　徽	374 457	1 753	13 968	53 798
福　建	12 778		791	15 273
江　西	41 610	1 361	7 174	19 469
山　东	361 794	2 415	10 112	530 610
河　南	346 218	945	44 444	67 351
湖　北	123 002	2 154	23 700	90 054
湖　南	112 104	872	10 065	44 071
广　东	67 045		9 194	88 325
广　西	54 017		2 956	180 036
海　南	8 532		439	25 810
重　庆	42 425		4 574	31 761
四　川	98 171	11	11 702	49 559
贵　州	58 024	1	5 483	38 033
云　南	74 468		3 327	31 487
西　藏				
陕　西	75 914	1	2 499	34 464
甘　肃	42 212	133	1 746	25 759
青　海	20 089		5 131	5 622
宁　夏	42 567		830	21 050
新　疆	54 216	18 359	2 345	53 406

各地区农田鼠害发生、防治面积及损失情况

地　　区	发生面积（千公顷次）	防治面积（千公顷次）	挽回损失（吨）	实际损失（吨）
全国总计	**22 900**	**19 136**	**3 989 137**	**1 180 124**
北　　京	131	126	13 847	2 844
天　　津	133	80	6 163	3 042
河　　北	970	458	74 502	21 379
山　　西	478	366	81 269	17 833
内 蒙 古	386	120	25 534	25 341
辽　　宁	816	567	361 216	70 909
吉　　林	2 702	1 573	519 936	209 593
黑 龙 江	3 744	854	61 991	92 424
上　　海	67	67	4 952	320
江　　苏	464	289	35 681	15 173
浙　　江	358	366	70 717	6 248
安　　徽	565	456	58 649	18 100
福　　建	309	288	68 368	13 998
江　　西	610	400	112 633	32 282
山　　东	458	419	155 728	33 745
河　　南	262	224	11 486	3 680
湖　　北	482	370	59 019	40 464
湖　　南	1 758	1 755	266 895	33 773
广　　东	1 726	1 957	586 163	143 069
广　　西	1 249	1 154	335 744	67 766
海　　南	165	140	83 090	30 997
重　　庆	624	459	122 384	46 517
四　　川	1 474	1 476	288 353	58 457
贵　　州	448	373	117 045	45 773
云　　南	722	1 143	169 977	28 801
西　　藏				
陕　　西	492	2 735	69 163	31 428
甘　　肃	735	604	56 982	26 239
青　　海	220	133	19 446	5 067
宁　　夏	70	26	10 643	4 863
新　　疆	283	159	141 559	50 002